「こころ」の解体新書

心理学概論への招待

下野孝一【著】
SHIMONO Koichi

ナカニシヤ出版

まえがき

本書は、短大や大学などの「心理学概論」の講義のための教科書、あるいは副読本として書かれたものです。ただ、より広く一般の方々にも読んでいただきたいという希望もあって、従来の教科書とは少し毛色の違ったものになりました。普通、心理学概論の教科書は心理学全般にわたって、研究上の発見、実験、理論などを分野別に説明していきます。ところが心理学の分野は幅広く、大学で一般に行われる一五コマ程度の授業の中では、その全体像を伝えるのはなかなか困難です。そのような困難さを解決したく、本書では分野別の説明という伝統的な方法を取っていません。本書は、仮想の質問に対して、心理学の幅広い分野の知識を使って答えるという問答形式を使って書かれています。

本書を執筆するにあたって特に気をつけた点は、

(一)「身近なことが知りたいのに何だか現実とは切り離された話をする」という不満に答えるために、

心理学の講義を受けたいと思った人が最初にもつだろう疑問に答えること、

(二)「結局心理学とは何なのか」という問いに答えるために、

心理学の全体像が見渡せるように配慮すること、

(三)「専門用語が多すぎる」という不満に答えるために、

なるべく専門用語を避けること、

の三点です。その結果、大学生ばかりではなく一般の方にも読みやすくなったのではと考えています。一方で、心理学の教科書としてはいささか知識の偏りがあるという批判もあろうかと思います。その点は今後の課題として取り組んでいきたいと思っております。ご意見をお寄せいただければ幸いです。

「こころ」の解体新書――心理学概論への招待――　＊目次

第四話　最近、残酷な事件が目につきますが、人間はどこまで凶暴になるのですか。――43

第一話　この本には心理学のどんなことが書いてあるのですか。

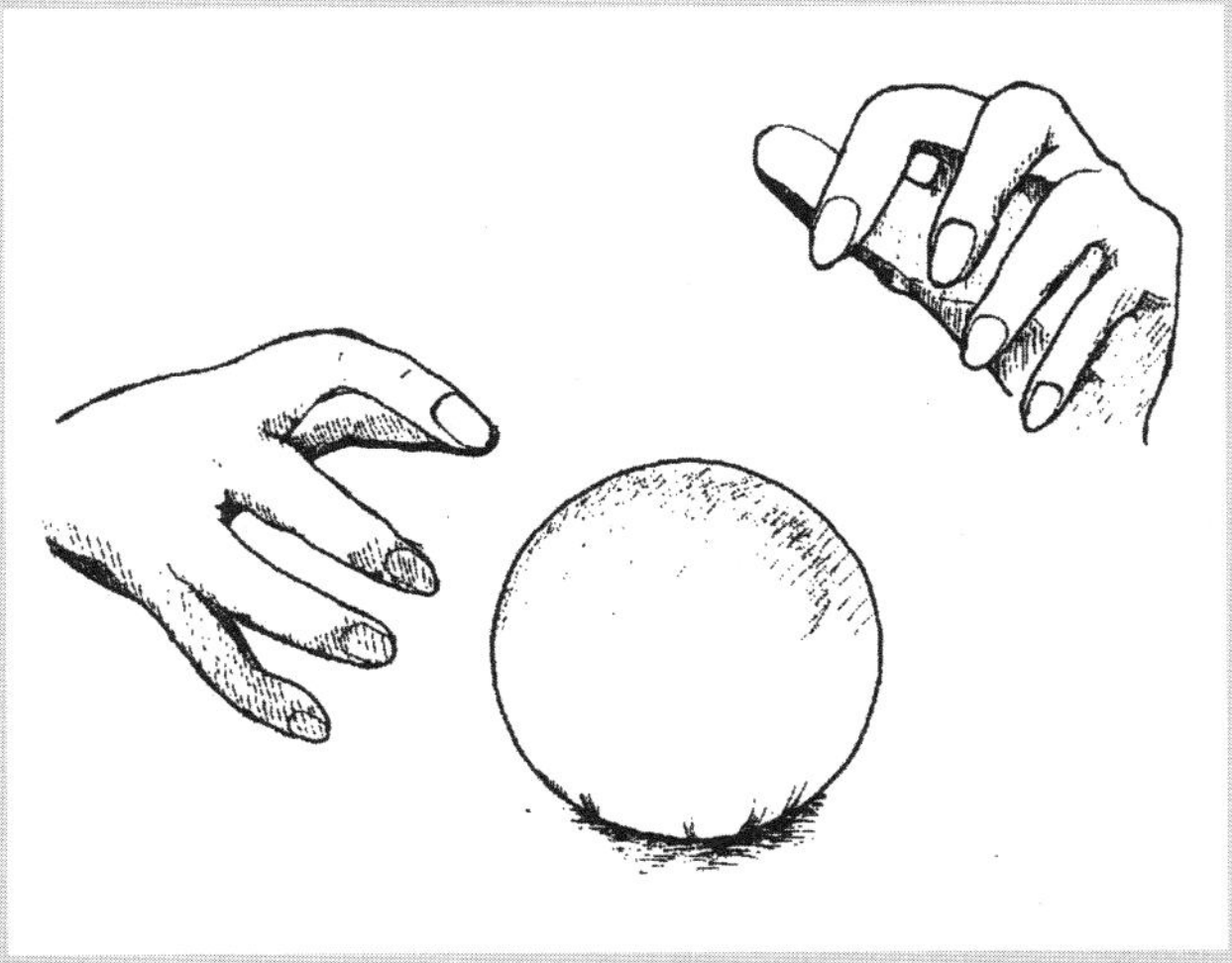

「こころ」読めますか？

大学などで心理学を教えていますと、たとえば、新入生が心理学にもっているイメージと実際に心理学が扱っている研究テーマはかなり異なっていることに気がつきます。私自身、三〇年ほど前、大学に入るときには、カウンセリングみたいな授業があると思っていました。しかし、実際の授業は実験心理学と呼ばれる分野のものがほとんどで、簡単な統計学、プログラミング、神経生理学とかの授業もあって面食らったものです。残念ながら、この三〇年の間に、心理学のイメージと心理学研究とのギャップは埋まった様子はなく、むしろだんだん大きくなっているような気がします。これは、心理学者にとっても、あるいは、異なるイメージをもった方々にとっても不幸なことです。実際の心理学研究とかけ離れたイメージをもって心理学研究に触れると、「こんなものは心理学ではない」ということになるし、また、世の中に氾濫するあなたのこころを読む「心理学」が心理学であると思われるのは私としては非常に心外です。

ですから、本書は、心理学に対するイメージを少しでも現実に行われている研究に近づけたいということから出発しました。本書は、一〇の話からなっています。それぞれに問いかけと答えがあります。それぞれ、いくつかの分野の知識を動員して答えようとしています。答えがなくて解説に終わっているだけのものもあります。最初と最後以外の八つの話は、皆さんの質問を想定して作ったものです。何回か大学生に「心理学についてどんな話が聞きたいか」とアンケートした結果と、私がよく受ける質問から考えついたものです。最後の話では、私から皆さんへの問いかけがあります。

もちろん、人間活動のすべてが心理学の研究対象（分野）である、とも言えますから、この本ですべての研究分野についての話はできません。ここでは大学で心理学を受講した学生が最初に学ぶ、いわゆる「心理学概論」で扱われる分野を中心に話をしています。

「心理学というとどんな実用性があるのか、この本にはどのような役立つことが書いてあるのか」と疑問をもたれる方もいらっしゃるでしょう。本当は「役に立つ」とはどんなことかをきちんと考えたほうがいいのですが、ここでは生活するうえでということにしておきましょう。でもこの本には、お金がもうかる方法は書いてありません。私がこの本で皆さんにお伝えしたいと思った「役に立つ」ことは大まかにいうと「だまされないようにしましょう」ということです。よく「こうすれば相手の心が読める」とか「こうすれば人から好かれる」という本を見かけますが、残念ですけれども、今の心理学では、一人一人がどのように行動するか、感じるかを予測することはほぼ不可能といってもいいと思います。けれども、平均するとこうであるとか、統計的に考えるとこうである、ということはできます。「人間の行動なんて予測できるわけはないじゃないか」と言う方もいらっしゃるでしょう。しかし、集団としての予測は可能なのです。ただ、そう単純ではないだけです。「人間をめぐる問題はそう単純ではない」ということを知っておくと、世の中にあるさまざまなトリックから身を守ることにいくらか貢献できるでしょう。

また、人間は自分で決めているようで、無意識のうちに環境に影響されることが多々あります。ある環境のもとでは多くの人は一定の行動をするのです。ですから環境を操られると、自分の「意志」さえコントロールされる可能性があります。世の中には無意識の影響をうまく利用したトリックが多くあることを考えれば、無意識の働きを知ることは、だまされないための抑止力になるはずです。この本では、第二話で「無意識」がどのように人間の行動に影響するかを、第三話で「マインドコントロール」をめぐる問題を考えてみたいと思います。

さらに本書では、集団になると人は結構残虐になってしまうものだ、という話題を第四話で扱います。第五話は児童虐待に関する話題です。「児童虐待なんて異常だ」と思われる方は多いと思います。そこで第六話では「異常」について考えてみましょう。そして、第七話ではストレスについてお話しします。ストレスに対処する方法を知っておけば、社会を生き抜くために有効です。第八話では心理学全体について、心理学にどんな分野があるかを考えましょう。第九話では論理的に考えることの重要性について考えています。論理的思考は「だまされない」ためにも必要です。

さて、第一〇話です。ここでは私は皆さんに「なぜ人のこころを読みたいのか」と問いかけています。もちろん、人のこころを読もうなんて考えたこともないという方もいらっしゃるでしょう。でも私はよくそんな質問を受けました。私は、瞬間瞬間変わっていく自分の気持ち、考え、感情でさえ理解できないときがあります。ですから確信をもって、「あの人は今こう思っているはずだ」などと思うことはできません。ある程度推論できたとしてもそれが「正しい」のかどうか……。自分のことさえわからないのに他人のことがわかるのでしょょうか。血液型がわかれば、その人の性格がわかるなんてそんな単純なことってあるのでしょうか。第一〇話では、その謎に挑戦したいと思います。

繰り返しますと、この本は、心理学という学問分野がどのようなことを研究しているかについてなるべくわかりやすく伝えようとしたものです。皆さんが日ごろ感じているだろう疑問に答える形で記しました。もちろん心理学の分野は多種多様ですので、全体をくまなく網羅しての説明はできませんでした。個別的に見るとずいぶんと詳しい内容まで書いた部分もあれば、ずいぶんと大雑把に記述したところもあります。心理学の全体像がうまく伝わっていればよいのですが……。

第二話　心理学といえばやっぱり無意識を研究しているのですか。

フロイトの肖像

ヘルムホルツの肖像

さまざまな無意識

心理学というと、無意識、フロイト（一八五六－一九三九）というふうに連想が働く人が多いようです。きちんとアンケートをとったわけではありませんが、二〇年近く心理学の概論を教えてきた経験からそう感じています。「無意識」ということばで人間のさまざまな行動を説明したのは確かに、精神科医であるフロイトです（本書では、私たちが観察可能なもの、「人間の行動」と「人間のこころ」をほぼ同じ意味で使います。なぜそのような使い方をするかは、第八話で詳しく説明します）。しかし実は、無意識という用語は彼以前にも使われていました。たとえば、ヘルムホルツ（一八二一－一八九四）は無意識的推論という用語を使いました。人間は周りにある物理刺激（光とか音波など）を主観的な経験（色とか音など）に変えています。その変化の過程を、ヘルムホルツは無意識的推論と呼んだのです。また、人間が意識にのぼらせなくても、周りの刺激はさまざまな影響を及ぼしています。そこで第二話では、「意識にのぼらない」のに人間に影響を与えている事柄についていくつか説明したいと思います。

フロイトと無意識

最初に、フロイトの無意識について簡単に触れます。彼は、人間のこころ（行動）には原

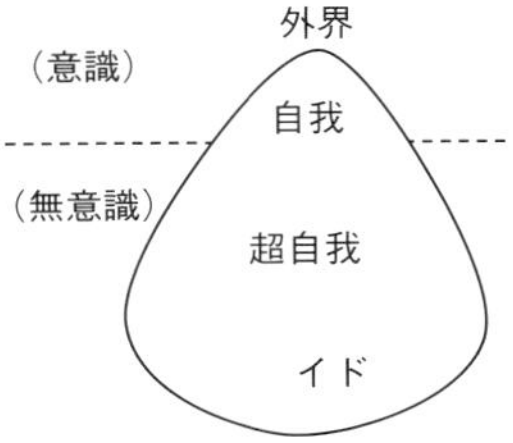

図1. フロイトの「こころ」モデル

因があり、その原因は無意識のうちに抑圧された欲望である、と主張しました。図1は彼の考えを模式化したものです。彼は、外界に現われる人のこころは氷山のようなもので、観察できるものや意識できるものはほんの一部であり、その下に巨大な無意識があると考えていました。こころのどこかで会いたくないと思っている人との約束は、つい忘れてしまいがちになる（本当かな？）のは、無意識のうちに「会いたくない」という気持ちが働いたからであると説明されます。またよく聞く説明に、「学校に行きたくない」という気持ちが無意識に働いて熱を出したり、お腹をこわすのだというのもありますね。本能的な衝動、欲望が抑圧されて無意識の中に眠っており、その無意識に抑圧された衝動、欲望こそが人間を支配するものである、と考えたわけです。

彼はまた、人のこころを三つの構成要素からなっていると仮定しました。本能的な欲望であり、欲望どおり振る舞うべきだと主張するイド、道徳を守って生きるべきだと主張する超自我、その両者の主張を外界（人間を取り巻く環境、社会）のルールから逸脱しないようにうまく処理しなくてはならない自我、の三つです。簡単なウソをついたときとか、電車で席を譲ろうと思ったけどできなかったときとか、ちょっと不機嫌になったり、ちょっと気分が落ち込んだりしませんか。フロイトの考えに従えば、これは、たとえば「ウソをついてはいけない」と超自我が主張したので罪悪感が生じたのだ、ということになります。フロイトは、これら三つの構成要素のバランスがうまく取れないとき、人間は精神的に健全な状態ではなくなり、神経症と呼ばれる「こころ」の病気になると考え、独自の理論を打ち立てました（第六話参照）。

単純接触効果

フロイトの無意識とは違いますが、人が意識しない、あるいは意識できないにもかかわらず、環境から影響を受けることは意外にも数多くあります。自分が他人を（あるいは物を）好きになったりするのは自分で決めていると思っていませんか。当たり前ですね。好きになるという「自分」の気持ちに、自分以外の何かが影響するなんて考えにくいし、あったとしても小さな影響のように思えます。

でもこんな実験があります。ここに、数枚の顔写真があります。あなたの知らない人の顔です。この数枚の写真が〇回から二五回、順番はでたらめにして提示されます（〇回というのは、一回も提示されなかったということです）。「人間がどの程度写真を記憶することができるかの実験です。気楽に参加してください」ということで実験が始まりました。実験が終わった後に今度は今まで見た写真の人への好意度を聞かれます。嫌いだったらゼロ、とっても好きだったら七というふうに、好きの程度が大きくなると大きな数字をあてて答えました（ザイアンス、一九六八）。結果の概要が図2に示されています。図の横軸は接触回数、縦軸は被験者（実験に参加した人のことです）があてはめた数字の平均です。図からわかるように、接触回数が多ければ多いほど好意が増しています。この現象は「単純接触効果」と呼ば

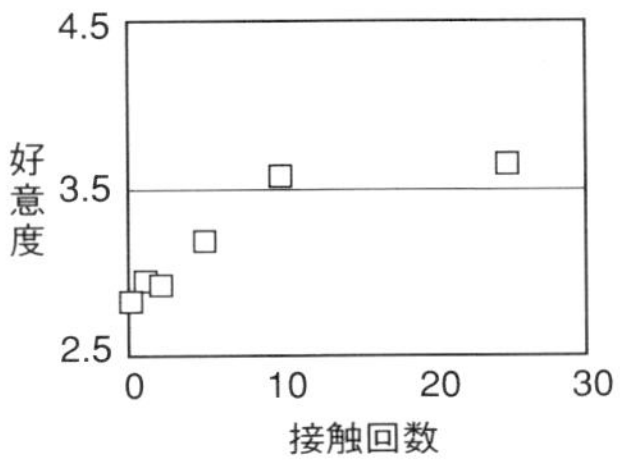

図2. 単純接触効果の実験結果

れています。接触回数が増えれば単純に好意が増す、というわけです。ただ、これは、写真についての結果です。写真は何回見ても途中で悪口を言ったり、約束を破ったり、奇妙な行動をとったりしません。ですから、この結果をそのまま、日常、他人が好きになったり嫌いになったりすること（対人好悪）にあてはめるというわけにはいきません。けれども、この実験は、ただ単純に接触回数を増やせば増やすほど、もの、あるいは人を好きになる可能性を示しています。この単純接触効果は、たとえば商品にでも十分適用できるでしょう。何度も何度も流されるスポットコマーシャルフィルムの映像は単純接触効果の応用と考えることもできます。

もし、単純接触効果のために、あなたがその商品を買っているとすると、あなたは、自分の意志で好きなものを買っていると言えるでしょうか。それとも「無意識」のうちに買わされているのでしょうか。難しい問題です。実は、単純接触効果にはもっとやっかいな問題があります。サブリミナルな刺激でも単純接触効果があるという研究結果です。ある刺激を短時間提示すると、その刺激を「見た」という意識が生じません。つまり、閾値（感じることができる最小限の物理量）以下の刺激を出す（サブリミナルに刺激を出す）と主観的な経験が生じないのです。実は最近、サブリミナルに刺激を提示しても、提示される回数が多ければ、好意度が増すという研究も報告されています（ボーンシュタインとドゥアゴスティーノ、一九九二）。この増加は好意度を高めるのに、必ずしも、見るという主観的な経験は必要ないということを示しています。コマーシャルならまだ、自分の意思で見ないことができますが、サブリミナルということなら避けることが難しいでしょう。ちょっと不気味な感じがします。ただ、サブリミナルな刺激提示が好きとか嫌いとかの感情に影響を及ぼすことはあっても、それが直接行動（たとえば、サブリミナルに商品が提示されるとその商品を買う確率が上がる）に影響することはない、という主張もありますので、むやみに怖がることもなさそうです。結果がはっきりするまで、もう少しお待ちください。

好きか嫌いかを決めているのは自分ではない？　対人好悪の要因

テレビでよく見るタレントを好きになるのもまた、単純接触効果かもしれません。そうすると、何度も何度もテレビや映画、あるいはポスターで接触回数を増やすと、その人物への好意度は増す可能性があります。単純接触効果は、宣伝すればするほど好意度が増すことを予測します。テレビによく出る政治家は、そのことを知っているのかもしれません。直接会わなくても単純接触の回数を増やし、好意度を増すことができるなら、テレビに出ることは政治家にとっては十分魅力的でしょう。ただ、先ほども述べたように、不快な印象、傲慢な印象が生じないように努力しないとせっかくの単純接触の効果もなくなってしまいかねませんね。

心理学では、「他人に好意を与える要因は何か」という問題は、一九五〇年代から七〇年

この本の著者は少し変わっていますが、
暖かい人だと評判です。

代にかけてさかんに研究されました。たとえば、好意をもつ要因には、類似性（自分と似たような価値観をもっていること、育った国とか文化とかが似ていること、年齢が近い）、容姿が良いこと、物理的に近い距離に住んでいることなどがあると報告されています。他の人の評判というのも重要な要因です。かつてこんな実験がありました（ケリー、一九五〇）。アメリカの大学生に、授業を新しい教師にやってもらうこと、そして授業の後にその教師の評価をしてもらうことを伝えます。そのとき、教師の経歴などを説明した紙を配ります。その説明には二種類あり、一方にはその人物は「暖かい」、他方にはその人物は「冷たい」という評判があることが記されています。それ以外はまったく同じです。さてこの人物の授業の後、彼の印象を聞くと「暖かい」という説明を読んだグループは、「冷たい」という説明を読んだグループに比べ、彼をより好意的だと評価し、授業にも積極的に参加しました。二つのグループはまったく同じ教師に同じような授業を受けたにもかかわらず、異なる行動を取りました。「紙に書かれた他の人の評価（ことば）」に影響を受けたわけです。他人に好意をもつかどうか（対人好悪）を決めるのは、少なくとも最初のうちは、自分の意思で、というわけではなさそうです。実は、対人好悪に影響を及ぼすことばには強弱があって、「暖かい」とか「冷たい」は、強く影響することがわかっています。人の悪口を言うときには、いろいろ褒めことばを混ぜつつ、「でもやっぱり冷たい人よ」と言うのが効果的ということになります。これってよく、やっていることのような……。

カナダ、バンクーバー
カピラノ渓谷

恋愛における転移

他人、特に異性に対して好意を抱くことに関する理論の中に転移理論と呼ばれているものがあります。この理論は、人を好きになるかどうかは無意識的に決まることを予測します。その考えによれば、(生理的に)興奮した状態にあるとき、目の前に異性を見ると、自分が興奮したのはその異性のせいだと考え、その人を好きになる確率が増えます。つまり、自分の意思で好きになるのではなく、ただ興奮したとき偶然、恋愛可能な人間に出会ったので好意を感じるというわけです。この考えについての実験では、カナダで行われたものが有名です(ダットンとアロン、一九七四)。バンクーバーのカピラノ渓谷に架かるつり橋と下流の大きな橋を通る人々(一八歳から三五歳までの女性を同伴していない男性)に近づいて、インタビューをします。このときある絵を見せて物語を作ってもらい、その物語から各人の性的な興奮度を調べます。さらにインタビュアーの電話番号を知らせておき、後で電話をかけてくるかどうかを調べます。その結果、インタビュアーが女性であったときにつり橋を通った人が一番性的な興奮度が高く、あとで電話をかけてきた頻度が他の場合より高かったのです。この結果の解釈は、ゆらゆらゆれて危ないつり橋では、人々は怖くて興奮をしており、自分の興奮の原因を周りの状態(若い女性が近くにいた)から無意識に判断したというものです。つまり、自分の生理的興奮は、近くにいる女性が引き起こしたからだと思うというのです。ですから、仲良くなりたければ、二人でジェットコースターに乗ったり、お化け屋敷に行ったりするのは、きわめて理にかなった現象ということになります。同様に、恋に反対されて興奮状態にある二人（たとえば、ロミオとジュリエット）は、その興奮状態を相手への好意がそうさせると考えるのでなおいっそう恋は燃え上がる……というわけですね。こんな説明は恋する二人には余計なお世話ですけれど。

原因帰属

このように、自分の状態あるいは行動の原因を周囲に求めることを心理学では、原因帰属と言います。人間はどうも、生理的変化を含む自分の行動を無意識に解釈しようとするようです。言い換えれば、人間には、自分の行動の原因を無意識のうちに求める傾向があるということです。このことを示す実験はいくつもありますが、そのうちの一つに吃音に関する実験があります（ストームとマッコール、一九七六）。まず、四四名の男性被験者の面接の声を録音し、彼らに吃音があると指摘します（実際にはそれほどの吃音はありません）。その後、被験者を二群に分け、一方には、「誰でも吃音になりえる」（A群）と告げ、もう一方には、「吃音は個人の能力による」（B群）と告げます。その後二群の被験者に「他人に聞かせる」という前提でもう一度面接の声を録音します。そうすると、A群に比べB群の被験者の吃音が増えました。両群とも最初はそれほどの吃音がなかったことを思い出してください。原因帰属理論では、B群で吃音が多かった理由を、B群の被験者が「個人の能力に原因があると考えた」ことにあるとします。もともと、吃音ではなかったけれども、「吃音は個人の能力」だと思ったことによって不安が生じ、さらにその不安が吃音を引き起こしたという解釈です。この実験は、同じ行動を行っても、帰属させる要因が異なれば、次の行動が違ってくることを示しています。

ところでストームらの吃音の実験は、非常に危険な面を含んでいることに気がつかれたでしょうか。B群の被験者がこのまま吃音は能力であると思い込んだままだとすると、心理学者の単なる興味によって、吃音が続くという状態が作り出されたことになります。原因帰属の問題は扱い方次第で、第三話でお話するマインドコントロールにもつながる事柄なのです。心理学者は実験を行うとき十分な注意が必要なのです。

ステレオタイプ

前にも触れましたが、私たちにはある人と話したこともなく、付き合ったこともないのに、その人が好きになったり嫌いになったりすることがあります。その人に関するうわさや容姿などで、ほぼ自動的に、無意識的に好き嫌いが決まる場合があるのです。大げさに言えば、人間は他人の性格を判断したりするときも同じようなメカニズムを働かせています。あなたは初対面の人の性格を、その人の人種、性別、容姿、所属する団体、職業などで（最近は、血液型も入るかな）判断していませんか。たとえば、初対面の人が看護師であると自己紹介

表1．米大学生（プリンストン大学）の日本人に対するステレオタイプ

1933年	1951年	1967年
知的な	模倣的な	勤勉な
勤勉な	ずるい	意欲的な
進歩的な	極端に愛国的な	能率的な

したとしましょう。それだけで、「やさしい人」という印象をもちませんか。このように、私たちは、その人たちのことを事前に知らなくても、彼らが属する集団（人種・性別など）から彼らの性格を判断してしまうのです。このような固定された印象のことをステレオタイプと呼びます。ステレオタイプで人を判断してしまう理由は、一つにはあまり苦労せずに他人の性格を（正しかろうが誤りだろうが）、簡単に判断できることです。ただ、根拠がない場合が多いのが難点です。たとえば、一九三三年、五一年、六七年に、アメリカ人の大学生に対して人種のステレオタイプを聞いた調査があります（カーリンズら、一九六九）。表1に日本人に対する結果を載せています。五一年に、ずるいとか、愛国的だという反応が多いのは、第二次世界大戦の影響でしょう。いろんな日本人がいることは自明ですが、よく知らない外国人にとって日本人をどう思うかと聞かれたとき、その時代に特徴的ないくつかのステレオタイプからほぼ自動的に印象を選ぶのです。日本人にアメリカ人をどう思うかと聞いても、いろんな人がいるのに、おそらくある典型的なアメリカ人のステレオタイプを答える人が多いでしょう。たとえば、明るくて親しみやすいとか。多くの場合、偏見なのですが、答えるほうとしてはあまり考えないで済みますからね……。

表1に示すように、人種に関するステレオタイプは時代に依存するので、学習されたものと考えることができます。ですから、「ステレオタイプで物事を判断するのは偏見にもつながりかねない」ということを教えれば、偏見も比較的簡単に修正可能だと思われます。しかし、最近の研究は、人種に関するステレオタイプ的な反応は、〝脳の深い〟ところで自動的

に生じることを示しているます（ここで深いところと言っているのは、系統発生的に古い脳の部分でという意味です。意識は比較的新しい脳の部分で生じると言われています）。たとえば、ヨーロッパ系米人（いわゆる白人）とアフリカ系米人（いわゆる黒人）を被験者にして、いろいろな人種の顔を見せます（ファジオら、一九九五）。そのとき、被験者に「魅力的」、「好ましい」、「嫌な感じ」、「腹立たしい」といった形容詞を同時に見せ、その形容詞が「良い」か「悪いか」をなるべく早く、正確に答えるように依頼します。このとき反応時間を調べたところ、ヨーロッパ系米人は、アフリカ系米人の顔を見たとき、否定的な形容詞（「嫌な感じ」とか「腹立たしい」とか）に対して非常に早く反応し、アフリカ系米人もヨーロッパ系米人の顔を見たとき否定的な形容詞への反応が早くなりました。この結果から、ステレオタイプ反応は自動的に引き起こされ、否定的な感情と結びついていたときには反応時間が短くなると考えられています。さらに、脳画像に関する研究（脳の活動状態を測定した研究）によると、どのような人種の人でも見慣れない顔を見ると感情を司る脳の部分（偏桃体）が活性化しますが、同じ写真を再び見せたとき、人種が同じならば偏桃体の活動が低下します。しかし、人種が異なると活動は高いままです。このことは無意識のうちに用心をしていることを示しています。この自動的な（無自覚的な、あるいは無意識的な）ステレオタイプ反応をどうすれば修正できるのかは、まだはっきりとはしていません。

無意識的感情？

今まで述べたように、好きとか嫌いとかいった感情の、少なくともその一部は、無意識に決定されます。最近の実験ではヘビ、あるいはクモへの恐怖症をもっている人に、それらの画像を見えないくらい短時間提示し彼らの発汗量を測ったところ、実際に見たという意識が生じなくても、嫌悪とか恐怖とかの感情とともに生じる生理的な反応を示すことがわかりました（オーマン、二〇〇〇）。ヘビなどに対しては多くの人がいやな感じを抱くでしょうが、恐怖症の人はそれが極端で、場合によってはパニック状態を起こします。彼らに長時間ヘビなどの画像を見せますと当然、不快な感情とともに、生理的な反応（発汗量が増え、心拍数が増える）が生じます。その生理的反応は、恐怖症ではない人に比べて大きく、特定の恐怖の対象（ヘビ、クモ、あるいは鳥など）に限定されます。彼らに何が提示されたかわからないように非常に短い時間、画像を提示すると不快な感情は生じませんが、発汗量は長時間提示した場合とほぼ同じでした。このことは、提示されたものが「ヘビ」で、それは怖いものだという意識が生じなくても、提示されたものが「恐怖」を引き起こすものだということを無意識に「理解」していることを示しています。これは無意識的な感情とでも呼ぶべきものでしょう。いまのところ、感情にもいろいろなレベルがあって、逃げるべきかどうか、良いか悪いかなど、非常に早く判断しなければならない場合、このような無意識の感情があるだろうと考えられています。

また、最近の感情に関する理論には、人は他人（あるいは自分）の表情から、他人（ある

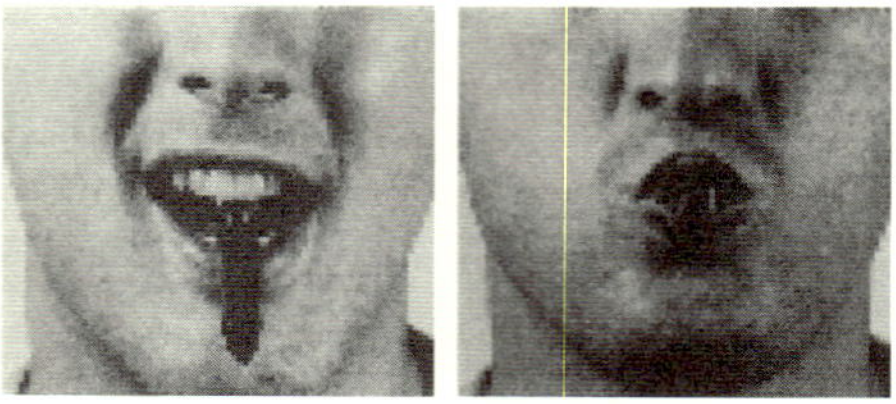
筋肉の状態（表情）が感情に影響する（ストラック、1988より）

いは自分）の感情を読み取るのだ、と主張するものもあります。代表的な研究として、ここではストラックら（一九八八）のものを挙げておきましょう。彼らは、同じ漫画を二つの条件で読んでもらい、その漫画が面白かったかどうかを聞きました。被験者は、ペンを唇で挟んで読む条件かペンを歯で挟んで読む条件のいずれかに参加しました。その結果、歯を使った群の被験者のほうがより多く「おもしろい」と答えました。これはなぜでしょう。歯でペンを挟んで読む場合には、笑うときと同じような筋肉が使われています。このことから考えて自分の表情から自分の感情を読み取ったと解釈されています。さきほどの、原因帰属によく似た説明です。そういえば、笑う表情を繰り返すと幸せな気分になりませんか。「笑う門には福来る」ということですね。

無意識的な記憶の活性化

今まで述べたように、人間の感情はある程度環境によって自動的に決定されます。同様に人間の記憶も環境によって自動的に働く場合があります。そのことは、たとえば連続して二つの文字列（たとえばnurseとbutter）を見せて、それぞれが実際に使われている単語か、それとも勝手に作り出した文字列かを判断させた実験によっても示されています（メイヤーら、一九七五）。この実験では、被験者はなるべく速く判断するように言われました。その結果、提示された最初の文字列と次の文字列に関連がある（たとえば最初がbreadで、次が

butter）場合は、関連のない場合に比べて二番目の文字列が単語か非単語かを判断するスピードが速くなったのです。このことは一般に、ある単語を見ると脳内でその単語の意味に関連した記憶のネットワーク（つながり）が働き出したために起こると考えられています。もし関連のある単語が次に出されたときには、すでにネットワークが働いているのですばやく判断できるというわけです。現在、自分が行っている作業が、直前の刺激によって影響を受けることがあるのです。このように前の刺激が後の刺激に何らかの影響を及ぼすことをプライミングと呼びます。このプライミング効果は単語、画像などで引き起こされることが知られていますが、最初に提示される刺激が必ずしも意識にのぼる（見えたりする）必要はありません。つまりサブリミナルな刺激でも場合によっては、プライミング効果が生じることがあるのです。

ないものを見る無意識的過程

プライミング効果の実験例は、人間の意識が過去にどんなものを見るかによって影響を受けることを示しています。同様に周りにどんな刺激が置かれているかによって見え方が変わる場合があります。たとえば、図3を見たとき、頂点が下を向いた三角形に加え、黒い３つの円の上に白い三角形が置かれているというふうに感じませんか。ところが、白い三角形の辺の一部、円と円を結ぶ部分には物理刺激は何もありません。実際にはない輪郭線（主観的

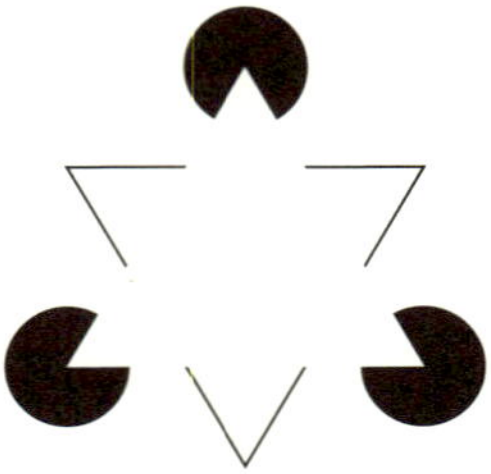

図3. 主観的輪郭線錯視の例

輪郭）を見ているわけです。この主観的輪郭は人間の頭の中で「図3には、白い三角形がある」と判断するような働きが生じていることを示唆しています。でもこの働き自体を私たちは意識することはできません。意識をすることはできませんが、脳には「実際にはない線分に反応する細胞」があることが生理学的な研究からわかっています。

このように私たちが見たり、聞いたりすることは物理刺激と必ずしも一致していません。この不一致の具合が心理学の研究対象になっているのです。たとえば色は、ある周期で振動する光、つまり物理刺激によって引き起こされる感覚（色覚）です。しかしながら人間が見ることができる（意識できる）光（可視光）は限られています。紫外線や赤外線などは見えません。私たちの眼と脳は、可視光の特徴を分析し、私たちにさまざまな色を経験させてくれます。ところが、人間は眼と脳がどのように働いて私たちに色を経験させてくれるのかを、知る（意識する）ことができません。意識できないけれども、確かに物理刺激を感覚経験に変えてくれる一連の働きがあるのです。

さて、さまざまな無意識について説明してきました。なぜ多種多様なことが無意識的に処理されるのか。一つの説明は、「脳に入ってくる情報があまりにも多いので、それらをすべて意識して処理していたらとても間に合わない。そこで脳は、自動的に処理できるもの、あるいは、すぐ処理してしまうべきものは意識にのぼらせることなく処理を行う」というものです。そうすると理論上、自動的に処理される情報を上手に使うと、他人の行動を操ることも可能だということになります。これがマインドコントロールということになるでしょうか。

第三話　マインドコントロールはどうすればできますか。

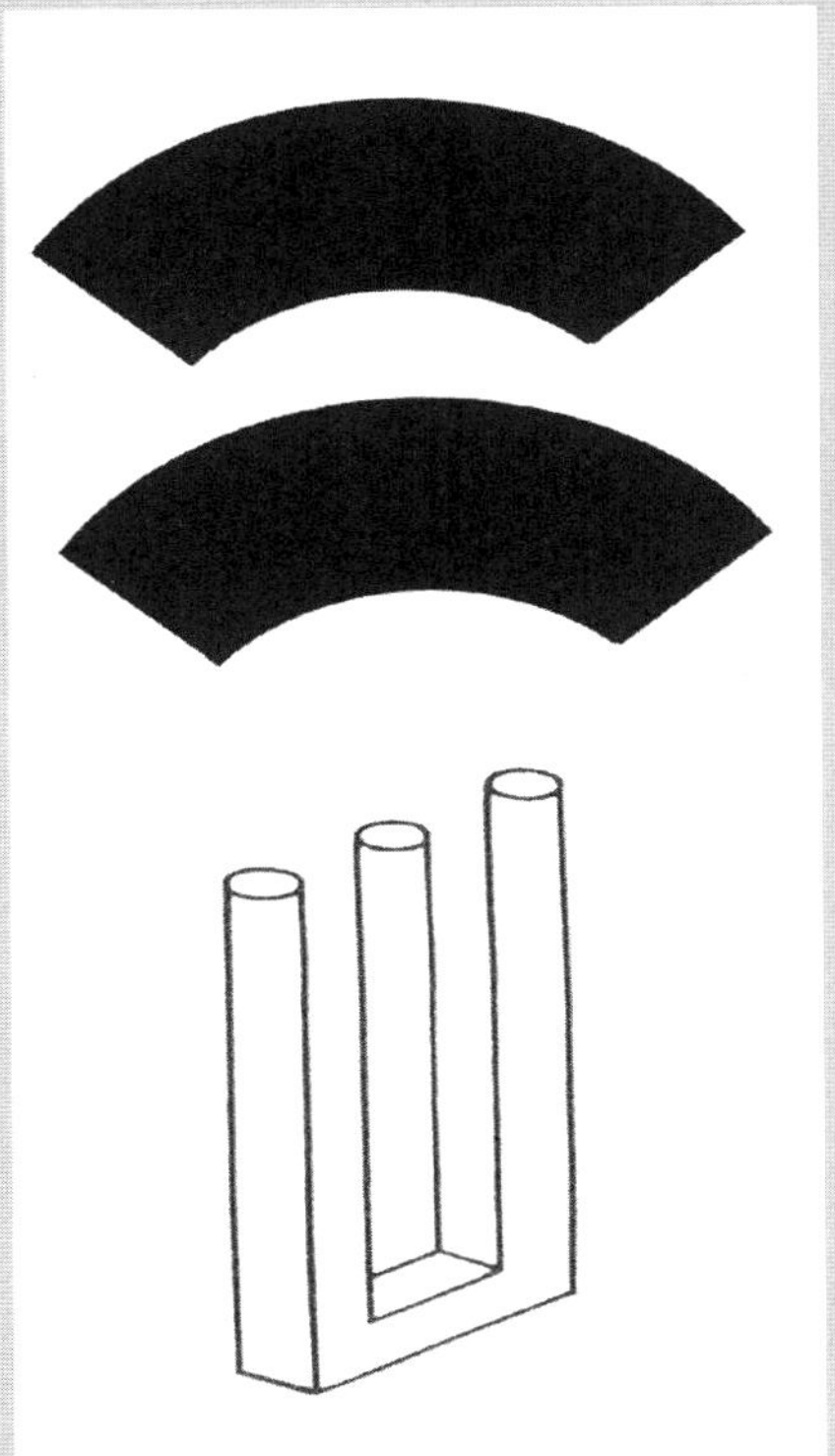

私たちは，同じものでも違う大きさに見えたり（ジャストロー錯覚），ありそうもないのに違和感なく見たり（悪魔のフォーク）します。この性質をうまく利用できれば…

ところでマインドコントロールって何でしょう

「マインドコントロールって何」なんて聞かれても、当たり前すぎて答える気がしないかもしれませんが、ちょっと考えてみましょう。「マインド」はこころ（心）、「コントロール」は制御だから、こころを制御することがマインドコントロールでしょうか。ちょっと曖昧ですね。たとえば私が娘に向かって「女の人は結婚をすると家事をすることになるから、小さいときから料理を学びなさい」と教えたとします。もし、こどもが私の言うことを聞いて料理をすることが大好きになったとします。私は、こどものこころを制御したことにはなりませんか？　だからこれもマインドコントロールかな？　ちょっと普通使われている意味とは違うかも。でも私は親だから、仮に制御していたとしても構わない……でしょうか。

では、こんな例はどうでしょう。社会にはいくつかの暗黙のルールがあります。たとえば、「罪を犯してはならない」。私はこどもたちにそのことを教えなくてはいけません。これもこどもの行動を制御することになるので、マインドコントロール？　社会生活を営むうえで、罪を犯してはならないと教えるのは当然のことと考えるのが普通です。でも微妙な問題もはらんでいます。たとえば、太平洋戦争中の日本では、「戦いは無益だからやめましょう」とこどもに教えることは罪になりました。収監されたり、殺されたりする人もいました。同じことをしても、文化や時代によって罪に問われたり、問われなかったりします。こどもにいろいろ教えること、つまり教育するということは人のこころを制御することも含むので、マインドコントロールと言っていいのでしょうか？

　こう考えてくるとマインドコントロールを明白に定義することは非常に難しいし、面倒なことですね。ここでは、マインドコントロールとは、反社会的なこと（殺人とか破壊とか）を自分以外の他者にやらせようとして他者のこころを制御することとしておきます。反社会的とは何かという問題も、ここでは常識ということで問わないことにしましょう（先ほど述べたように、かつて国に命を奉げることが常識であった時代もありますし、いまでも常識だという人もいます）。また、ここでは宗教的集団によるマインドコントロールだけを考えてはいません。もう少し広く考えてみたいと思っています。ただし、「マインドコントロール」という用語は狂信的な宗教集団がその構成員（信者）に反社会的行動を起こさせることに限定して使うのが一般的なようです（西田、一九九五）。

　さて、第二話でも述べたように、人間は「意識」しないでも多くのことに影響を受けます。ですから場合によっては、自分が意識しないうちに、誰かの意図によりコントロールされることは十分ありうることです。残念ながら、どのようなメカニズムが働いてマインドコントロールされるかは、明白にはわかっていません。でも、これまで行われたマインドコントロールの例と、心理学、特に社会心理学（第八話）の成果からある程度のことを知ることができます。本書ではまず、実験室で得られた結果から、マインドコントロールに関係していそうな要因について説明します。それから、マインドコントロールはどのように成立していくかについて考えてみたいと思います。

認知的不協和理論 対 自己知覚理論――もう一人の自分がいる？

相手の行動をある程度コントロールする方法として、フットインザドアテクニックというものがあります。この方法は、商品を売るときには相手に玄関を開けさせるようにすれば、つまり、足（フット）をドアに入れる（イン）ことができれば、相手に買う気を起こさせることができるという考えにもとづいています。実際、営業マンがこの方法でどれくらい売り上げを伸ばすことができるのかのデータを見たことはないのですが、この方法は認知的不協和理論の応用として考えられています。認知的不協和理論によれば、人間は、内的に一貫しようとするこころの働きがあって、矛盾する認知（考え、行動、信念、感情など）があると不快に感じ、その不快さを減じるために矛盾する一方の認知（より修正しやすいほう）を変えると言われています（このこころの変化は無意識に生じますから、この理論は第二話の話題とも関連します）。この考えによれば、「相手を玄関に入れた」という事実が「商品に興味がない」という気持ちと矛盾（認知的不協和）したために、後者の気持ちが変わり、「実は商品に興味があったのだ」という気持ちになりやすいことになります。

認知的不協和理論を支持する研究は多く行われていますが、アメリカで行われた古典的な実験に次のようなものがあります。簡単には引き受けてくれそうもないことを他人に依頼するとき、直接頼む場合と事前に簡単な要請を行う場合で引き受けてくれる割合がどれだけ違

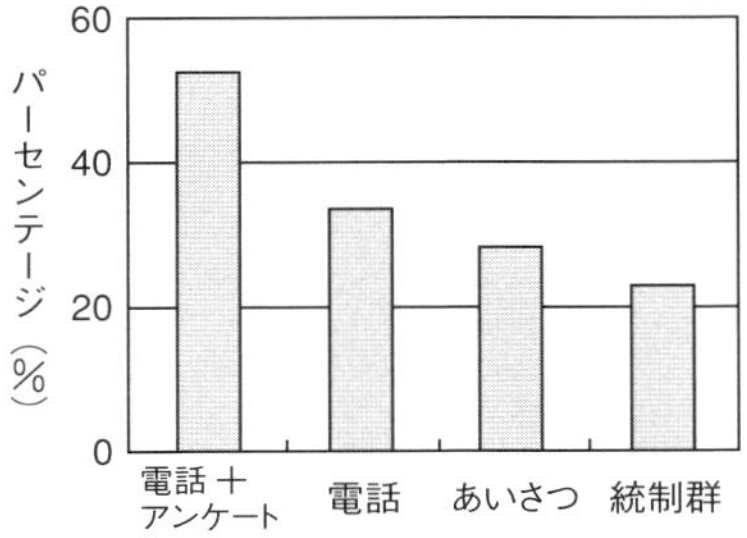

図1. 大要請を受け入れた割合

うかを調べたものです（フリードマンとフレイザー、一九六六）。依頼することは、「交通安全に関する看板を庭に設置する」というものでした。これを直接依頼した場合、一七％の人が受け入れました。一方、その依頼の数週間前に「安全運転に心がけましょうというプレートを居間に置いてください」という要請（ほぼ一〇〇％の人が受け入れた）を行うと七六％の人が看板を立てることに同意しました。一度受け入れると、「自分が受け入れた」という事実は変えることが難しいので、自分は実は最初から受け入れるつもりだったのだと自分の考えを変え、次の依頼もつい引き受けるということです。他にも、「家の家具を出して調べさせていただきたい」という依頼（大要請）をする前にいくつかの小要請を行い、小要請の程度で引き受ける率がどう異なるかを調べた実験もあります（フリードマンとフレイザー、一九六六）。小要請は四つの群に行われます。電話をかけて家具についてアンケート調査する群（電話＋アンケート群）、電話をかけてアンケートを依頼して、その承諾後「あらためて電話をする」という群（電話群）、電話をして「よろしく」とあいさつをする群（あいさつ群）、何もしないで直接家を訪ねる群（統制群）です。図1に示すように、大要請を受け入れるのは、電話＋アンケート群です。図から判断すると、大要請を受け入れる程度はどうも小要請の受け入れにくさによっているようです。受け入れにくい要請を引き受ければ引き受けるほど認知的不協和が大きく、不協和が大きいと次の大要請を受け入れやすいということになります。いずれにせよ、人間は一度小要請を受け入れると、普通は受け入れないような要請でも、受け入れてしまう傾向があるのです。

認知的不協和がマインドコントロールに影響する可能性をもっと端的に示した実験例があります。入会儀礼実験と呼ばれるものです（アロンソンとミルズ、一九五九）。女子大で、「性」について議論するクラブの設立を呼びかけました。集まってきた学生を三つの群に分け、そのうち二つの群に別々の特別な入会テストをしました。一方の群は、実験者（男性）の前で性に関連した、さほど卑猥でもない単語を言うというテストを受けました。もう一方の群は、実験者の前で、卑猥な単語を言い、小説の濡れ場を読むというテストを受けました。

五〇年代のアメリカはまだまだ性に奔放的ではなかったので、猥褻なことばを言わされた入会テストは女子学生にとっては苦痛であったと思われます。その後、テストにパスした人と入会テストのなかった群の被験者に対して、クラブで行われている議論の録音を聞かせました。しかし、録音は、下等動物の性行動に関する退屈きわまりない議論を続けるものでした。録音を聞き終わってから被験者には、そのクラブと議論をしていたクラブの構成員について評価してもらいました。その結果、入会テストが一番きつかった群の被験者は他の群の被験者に比べ、クラブに対しても、構成員に対しても高い好意度を示しました。認知的不協和理論によれば、「自分が苦痛なテストを受けた」という認知と「クラブが退屈そうだ」という認知が生じた場合、より変えやすい認知である「退屈」を変え、退屈ではなかったと感じるようになる、というわけです。入会するのに懸命になった自分の努力は、「結構おもしろそうな」クラブに入れたことで報われることになるのです。

この実験結果から、ある「反社会的」特徴をもつ集団をいったん受け入れてしまうと、受け入れたという自分の行動は変えにくいので、反社会的であるという特徴を「そうではない」と考えるだろうことが予測されます。また、その集団に入るのに苦労すればするほど愛着も強くなることも予測されます。人は自分で考えるほど合理的にはできていないし、客観的な判断もできない場合があるのです。

一見不合理な人間の行動を説明する理論には、認知的不協和理論と並んで、自己知覚理論というものがあります。この考えは第二話で述べた原因帰属の考え方によく似ています。この考えによれば、人間は自分の内部の状態（感情とか好悪とか）を知ろうとするとき、自分の行動をあたかも他人が観察しているかのように感じると仮定しています。たとえば、さきほどの「交通安全に関する看板の設置」に関する実験結果は、最初にプレートを受け入れた事実を、観察するもう一人の自分が「結局私は、交通安全は大事だと考えたから受け入れたのだ」だと解釈し、次の依頼も積極的に受け入れたのだと説明できます。人は一度自分がある行動を引き起こすと、それを修正することはなかなか簡単にはできないようなのです。たとえば、ちょっと誘われて、何気なく何かの集まりに出席したとしましょう。すると、参加した後には「自分はこの集会に参加したかった」と思い、次に参加する確率が高くなることが考えられるのです。現在、心理学では認知的不協和理論と自己知覚理論のいずれがより妥当性があるか、議論が続いています。

図2. 日の丸を見て
どう感じますか

古典的条件づけ――好き嫌いは植えつけることができる

私が、マインドコントロールに影響していると考えている要因にはまた、「古典的条件づけ」があります。たとえば図2を日の丸と思って見てください（寸法が違うとか円の中が赤ではないとかは無視しましょう）。日の丸を見て気分が高揚する人、嫌悪感を覚える人、別にどうということのない人、いろいろいるでしょう。同じものを見ても人によっていろいろな感情が生じるのはなぜでしょう。好悪の感情を制御するこのような要因には、中学や高校で習った、パブロフの犬が関係しています。ちょっと復習しましょう。パブロフはノーベル賞をもらった有名な生理学者です。彼は、食事と唾液の関係を研究しているとき、「いつも食事を持ってくる助手の足音を聞いて唾液を流している犬」を「発見」しました。別にどうってことないような発見ですが、本来、足音は唾液と何の関係もないはずです。しかしこの発見は、足音と食事が常に一緒に提示されると、食事に対する反応（無条件反射）であったはずの唾液分泌が足音と結びつくことを示しています。結びついた結果、足音を聞いただけで唾液反応（条件反射）が出たのです。さらに、ここで梅干を例にとって考えてみましょう。多くの人が「うめぼし」と聞いただけで唾液が分泌されるのではないでしょうか。これは本来、食べ物としての梅干への反応が、何回か経験するうちに、うめぼしという音、あるいは梅干という字と結びついたりして唾液反応が生じるようになったのです。もちろん、無意識

パブロフと共同研究者たち

のうちに生じた反応です。最近は梅干をまったく食べない人もいますから、そのような人は当然、うめぼしと聞いても唾液反応は生じません。その意味で、この反応は学習された反応です。このような反応は、唾液反応が足音という条件で生じるようになったということで条件反応と呼ばれ、条件反応を作り出すような手続きは古典的条件づけと呼ばれています（条件づけにはもう一つ、道具的条件づけと呼ばれるものもあります。こちらはある程度意識的に生じるものです。動物の調教などによく使われるものです。たとえば犬は「お手」をするとえさをもらえることを学習するわけですし、人間も仕事をするとお金がもらえて、そのお金で食品が買えることを学習しているわけです）。

さて日の丸の話に戻りましょう。本来、日の丸と感情とは無関係なものです。日の丸に感情が結びつくのは、日の丸と一緒に好きとか嫌いとかの感情を引き起こす刺激を提示したときです。そのような刺激と日の丸を何回か一緒に提示すると、日の丸を見ただけである種の感情が生まれます。当然ですが、日の丸と一緒に感情を引き起こすような刺激を提示されたことがない人は、日の丸を見ても特別な感情を抱くことはありません。日の丸を嫌悪が生じるような状況で（たとえば、太平洋戦争中の日本軍の残虐行為とともに）観察した人は、日の丸に対して否定的な感情を引き起こすでしょうし、日の丸を興奮するような状況で（たとえば、サッカーのワールドカップでの勝利とともに）観察した人は、日の丸に対して肯定的な感情を引き起こすでしょう。日の丸は感情に関しては中立の刺激なのですが、付随した刺激が異なる感情を引き起こすのです。ということは、どういう刺激を日の丸と一緒に提示するかで、感情を制御することができることになります。私が記憶している日の丸への反応で一番奇妙なものは、日の丸を見ると、にやにや笑うというものです。あるエッセイストの本で述べられていました。太平洋戦争中の満州（中国東北部）では日本軍が売春を管理していたので売春宿には日の丸が飾ってあったそうです。そのために売春宿と日の丸が結びつき、そのような笑いを生んだと思われます。

さて、これがどうマインドコントロールにつながるか。こう考えることができます。たとえば、私が誰かの食事制限をしたとします。そして、彼（あるいは彼女）が精神的、肉体的に消耗している状態を見計らって、食事制限を解くことを繰り返したとしましょう。食事制限が解かれた人には、安堵感、達成感が生まれると考えられます。このとき、ある写真（たとえば、私）、あるいは名前を何回か提示してやれば、その写真を見ただけで、あるいは名前を聞いただけで、安堵感が生じるようにすることが可能です。理論上は、心地良い感情を引き起こすことのできる刺激を作り出すことができれば食事制限でも何でもいいことになります。

生理的要因

古典的条件づけに加え、睡眠を制限したり、単調な生活を強いたりすることによっても、人は他者の暗示にかかりやすくなるという実験結果もあります。この実験結果は感覚遮断と呼ばれる条件下で得られたものです。感覚遮断実験では、暗室、防音で温度変化のあまりない部屋のベッドで過ごしてもらいます（ヴァーノン、一九六三）。そのような条件におかれると、一般的に被験者はまず長い睡眠をとります。その後なかなか眠れなくなり、いろいろなことを考えようとします。しかし、だんだんまとまった思考ができなくなり、人によっては幻覚を見たり、幻聴を聞いたりすることが報告されています。また、自分の体から自分自身が離脱するような感覚（幽体離脱感）を報告した人もいます。ヴァーノンは、トルコに対して中立的な意見をもっている被験者を、二四時間感覚遮断を行う群と統制群（普通に生活している人）に分けました。その後、両群の被験者にトルコに有利な意見を聞かせ、態度の変化を聞いたのです。その結果、感覚遮断群はトルコに対して好意的な態度を示したのです。感覚遮断を行うと新奇なものを受け入れやすく、暗示にもかかりやすいと考えられています。

さらに、感覚遮断実験など生理的な極限状態に置くと、さきほど述べたように幽体離脱感といった神秘体験などを経験することが報告されています。このように、生理的要因は、被暗示性を強めたり、神秘体験を生じさせたりするので、宗教的集団によるマインドコントロールにも影響していると考えられます。

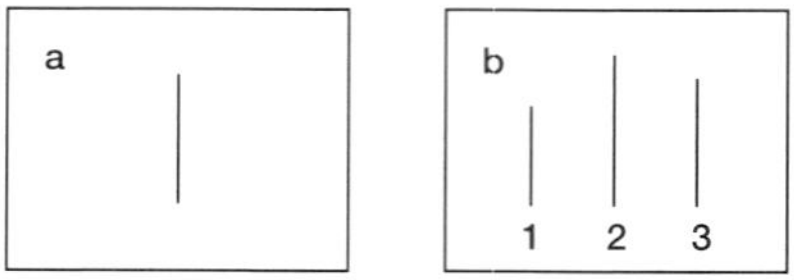

図3. アッシュの実験で使われた刺激

規範と集団圧力――集団の中で生き残るための戦略

マインドコントロールを語るとき見逃せないのは、人間は一人のときと集団の中では違う行動をとる場合があるということです。普通人間は、ある集団に属しています。それぞれの集団には独特のルールがあり、その構成員はその集団からルール（規範）を守るように無言の圧力を受けます。この圧力がどの程度のものかを調べた有名な実験にアッシュ（一九五一）の実験があります。彼は図3に示すような刺激を被験者に提示し、図3aの線分の長さが図3bに示す三本の線分のいずれと等しいかをたずねました。ただし、被験者は一緒にいた何人かの実験協力者（サクラ）が、「bの1が等しい」と答えた後に答えを要求されました。その結果、明らかにbの3が等しいのに、平均して約三〇％の試行で（つまり三回に一回は）、サクラの答えに同調しました。被験者は目で見て明白であるにもかかわらず、多数派の意見に従ったのです。見ず知らずの人のなかに入れられて反応するときですらこうですから、利害関係、あるいは上下関係がはっきりしているなかでどの程度自己主張ができるものでしょうか。また、どちらが正しいかあいまいな事態に出会ったとき、そして自分一人だけがまわりの人の意見と違うとき、圧力を感じないで自分の意見をはっきり言えるものでしょうか。答えはあなたが日常経験しているとおりです。多くの人にとって、自分一人だけが集団と異なる意見を述べるのは非常な苦痛です。今までの研究によれば、相手が三人以上になれば、同調行動はほぼ同率で生じ、集団の中で自分と同じ意見の人がもう一人いれば、同調行動は生じにくいことがわかっています。

さらに、もし一回圧力に従うとどうなるでしょうか。認知的不協和理論や自己認知理論の予測によれば、一度多数派の集団圧力によって自分の意見を修正すると、自分が圧力に屈したことを認めるよりも、自分はもともとそういう意見をもっていたと考えるようになります。そしてその集団の多数派と行動をともにすることになるわけです。その集団の中で生き延びるには、その集団のもっている規範を受け入れるしかないわけですから。このことは、六〇年ほど前、なぜ私の母親が「竹やりでアメリカ軍の爆撃機を落とす」ために校庭で同級生と一緒に竹やりを空に向かって突き上げていたかを、説明してくれます。現在の状況で彼女の行動を「馬鹿げている」と批判することは簡単です。しかし、そのとき彼女はその行動を行うことに何のためらいもなかったでしょうし、当然だと思っていたことでしょう。

権威への服従

「彼女がなぜみんなと一緒に竹やりを突き上げていたか」を説明してくれるもう一つの要因があります。権威への服従ということです。上下関係があるとき、多くの人間は自分にとって権威ある人からの依頼、あるいは命令にはなかなか逆らえないのです。先生の依頼（六〇年前ですから）にわが母は従ったとも言えます。権威者からの依頼は、たとえ他人に危害を加える可能性、場合によっては死に至らしめることがあっても従ってしまうことを示した

ボルト	表示
435・450	XXX
375	危険な―極端なショック
315	とても激しいショック
235	激しいショック
195	非常に強いショック
135	強いショック
75	中程度のショック
15	わずかなショック

電気ショック装置に書かれた電気の危険度

実験を、ミルグラム（一九六五）が報告しています。彼は、権威者が非常に危険な要請をした場合、人はそれにどの程度まで従うかを実験しました。ミルグラムは「罰が記憶に及ぼす効果」を測定するという名目で被験者（四〇名）を募集しました。被験者は別室にいるもう一人（実験協力者、サクラ）と実験に参加し、サクラが記憶の実験で誤答したときに電気ショックを与える役割をもっていました。誤答する度に電気ショックの量は上がっていき、最大四五〇ボルトまで流すようになっていました。被験者には、今流れている電気ショックの量がわかるようになっていて、同時にその危険度も理解できるようになっていました。実際には電線はつながっていませんでしたが、サクラはさも電気が流れたかのようにうめき声を出したりしました。電気ショックが三〇〇ボルトになったときにはサクラは壁をたたいて、やめてくれというような合図を動作で示しました。けれども実験者は実験を続けるように強く要請しました。たとえ被験者が実験を続けたくないと言ってもです。その結果、四〇名中二六名が四五〇ボルトまで電気ショックを与え続けたのです。このことは、他人に危害を加える可能性があっても、多くの人々は権威者の要請に従いうることを示しています。あなた自身は、この実験を途中で止める自信がありますか。この実験もアッシュの実験と同様、認知的不協和や自己知覚理論の観点から考えると、一度権威に従ってしまうと、次からは、たとえ最初は「人に電気ショックを与えるなんて嫌だな」と思っていても、その認知を変える可能性があることを示唆しています。

マインドコントロールに関する実験的研究

いままで、マインドコントロールに関係しているだろう要因について議論をしてきました。いまごろになって何ですが、他者からマインドコントロールを受けたからではなく、自分の意思で反社会的な行動をしている可能性はないでしょうか。両者をどうやって区別できるでしょう。この区別を実験的に行える可能性はあります。しかし、第二話のストームとマッコールの実験でも述べたように、解けるかどうかはっきりしないマインドコントロールの実験は許されません。ですから、実験的にマインドコントロールのことを研究するのはなかなかやっかいなのです。

さらに心理学では、マインドコントロール実験でなくとも、被験者が苦痛を感じるような実験は許されません。たとえば、ミルグラムの実験における被験者の立場に立って考えてみましょう。平均的な倫理観の持ち主であれば、他者に危害を加えることは苦痛です。事実、彼の実験では何人かの被験者は実験を止めるように懇願したことが報告されています。アッシュの実験でさえも非常に苦痛です。私は同じような実験（それは瓶に入った豆の数を予測するという課題でした）で被験者になり、自分は間違っているのではないかと、実験を続けることが苦痛でした。心理学では現在、被験者が苦痛を感じるような実験を行うべきではないとされています。したがって、ミルグラムの実験をそのまま追試したりはできないのです。

宗教的集団によるマインドコントロール

実験的に厳密に調べることが困難だとしても、いままで述べてきたように、人には無意識的であれ意識的であれ、極端に反社会的な行動をとる可能性があり、それが他者の意図の下に行われる可能性があるのです。特に顕著な例は、カルトと呼ばれる宗教的集団によるいくつかの事件に見られます。西田（一九九五）は、狂信的宗教集団の元メンバーに対して行った調査をもとにして、どのようにしてカルトに取り込まれるかを考察しています。さまざまな要因がありますが、彼によれば、一般的にカルトからの勧誘は優しく親切です。「役に立つ」、「楽しい場」にも快く招待してくれるそうです。人は日常をスムーズに過ごすために社会の暗黙のルールを学習しています。そのようなルールの一つに「返報性」というのがあります。相手がせっかく優しくしてくれたのだから、こちらからも何か「お返し」をしなければと感じるのです。よく経験することですが、優しく親切にしてくれた人の誘いを断ることは難しいのです。一回ぐらいは参加してみようかと思いやすいのです。ここで認知的不協和理論、自己知覚理論を思い出してください。一回参加してしまうとその集団に魅力を感じやすくなるというお話でした。

カルト集団はまた、同じ人物を使って何回も接触させ、勧誘させるそうです。単純接触効果のところで話したように、接触の回数が多ければ多いほど勧誘者に対する好意が高まります。好意をもってしまうと「あの人は良い人だから、あの人が入っている集団も良いはずだ」

という感情も生じやすいのです。これを心理学ではハロー効果（光背効果）と呼びます。テレビのコマーシャルで「有名人」を使うのもこの効果の応用です。人間は特別な根拠がなくても、「あの有名な人も使っているならきっと良い品に違いない」と思い込みやすいのです。もちろん、集団に誘うには勧誘者の身体的魅力も有力な要因です。かっこいい人は良い人だという根拠のない偏見を私たちはもっているのです。勧誘には他にも、「あなたほど真剣に考えている人はいない」と褒め上げたり、あるいはまた不安をあおったりします。カルト集団が勧誘に使うテクニックは、他の人の態度を変えさせたり、説得したりするのに有効だと考えられている心理学上のテクニックのほとんどを使っているようです。そのことから考えると、カルト集団に「引っかかる」人は特別な人ではありません。誰でも引っかかる可能性があるのです。自分は大丈夫だという思い込みは無防備という意味でかえって危険かもしれません。

ここでは、カルト集団に入った後、どのように狂信的な考え方に染まっていくのかについての説明はいたしません。まだはっきりとわかっているわけではありません。興味がある方は西田（一九九五）の解説がありますのでそちらを参照してください。

社会的学習性無気力症ってあるかも

積極的に人々をコントロールしようと思わなくても、私たちには結構簡単に周りに流される傾向があるような気がします。実は、私は学習性無気力症が集団的、社会的に生じているのではないかという不安をもっています。学習性無気力症とは、いくら努力しても解決のつかない問題に接し続けると、実際に解決する方法が出てきてももう努力しようとは思わないことです。個人のレベルでは、学習性無気力はストレス（第七話参照）と関連していますし、原因帰属理論（第二話参照）とも関連しています。学習性無気力症に関する最初の研究は、イヌを使って行われました。イヌを逃げられないような状況において電気ショックをかけ続けると、イヌは逃げられる状況になっても動こうとしなくなったのです（セリグマン、一九七五）。これは、逃げる努力をしても意味がないこと（つまりやっても無駄ということ）を学習してしまったために何も行動しなくなったと考えられます。人間でも、解決できない状況におかれ、嫌なことや不快なことが起こり続けると、解決できるようになっても動こうとしない、いわば病的に無気力な状態になりえます。自分の行動が何らかの意味をもつと信じることができない、効力感を失った状態になるのです。

さて私たちは日々生活に追われて暮らしています。私たちの生活に重大な影響を及ぼす政策が、私たちの考えとか思いに関係なく決まっている（ように見えます）。「何をやっても政治は変わらない」とは、よくテレビから聞こえてくるメッセージです。本当に変わらないのでしょうか。私たちは、本来変更、修正できるさまざまなことを「やっても無駄だ」と思わされているのではないでしょうか。これはマインドコントロール？

第四話　最近、残酷な事件が目につきますが、人間はどこまで凶暴になるのですか。

匿名性はやさしいあなたでも凶暴にする可能性があります

模擬監獄実験

残念ながら、環境しだいで、人間はとても残虐になることがあります。戦争という特殊な環境を除いて考えてみても、どうもそのようです。たとえば、集団というのも、人間が残虐になる一つの環境です。普段はごく普通の社会生活を営んでいても、集団に入ってある条件に置かれると人間はいとも簡単に残虐行為を行います。最近ですと、イラクの監獄でアメリカ軍の行った残虐行為が人々を驚かせました。もっともこの事件は、戦争という環境で生じたものですが。でも、心理学を学んだ人ならば、イラクの事件を聞いてすぐに、アメリカで行われた模擬監獄の実験（ジンバルドー、一九七五）を思い出したでしょう。最近映画化されましたが、銃を乱射したりするような映画のようなことが起こったわけではありません。実験はカリフォルニア大学で行われました。実験はもともと監禁状態に置いたときの人間の反応を調べるために計画されたものです。新聞広告を通じて集められた大学生は心理テストを受け、そのうち「正常で平均的で法律をよく守る」と判定されたものが実験に参加しました。彼らは、コイン投げによって囚人か看守の役に振り分けられました。看守は、法律と秩序を守るように言われ、暴力は禁じられていました。囚人役の学生がパトカーで警察署（本物です）に連行され、大学の地下にある模擬監獄に収監され実験が始まりました。実験の期間中、看守役と囚人役の学生の行動はビデオで撮影されていました。ビデオで観察されていたにもかかわらす、実験が始まってからしばらくして、看守役の学生の行動が攻撃的になっていきました。彼らは、禁止されていたはずの言語的な暴力を使い、勝手にルールを作り囚人役がそれを破ったら、食事を制限したり、体罰を加えたりしたのです。一方囚人たちは最初、看守たちの攻撃に文句を言っていたのですが、しだいに何も言わなくなり、突然泣き出したり、怒り出したり、落ち込んだりし始めました。囚人たちの症状がひどくなってきたので、二週間の予定の実験は六日で打ち切りになりました。実験の始まる前はごく普通の学生だったはずなのに、看守役の学生は攻撃的に、囚人役の学生は不安定で神経症的な行動をとるようになったのです。

なぜ、そのようなことが起こったのでしょうか。一つの説明は、人間はある役割を与えられると（たとえば、看守とか囚人とか）、その役割を演じるというものです。内面化とか同一化とかいう用語が使われています。人間は、たとえば看守という役割を与えられると、看守と自分を同じものとみなし（同一化）、相手の苦痛には注意を払わず攻撃的になっていく、そういう傾向があるのです。言い換えると、役割を与えられるとその役割を無意識のうちに自分の中に取り込み（内面化し）、その役割に付随した権力を疑いもたず行使するようになる傾向があるということです。このことは権力者には絶えず自戒していただきたい人間の特性の一つです。

脳の断面図の模式図

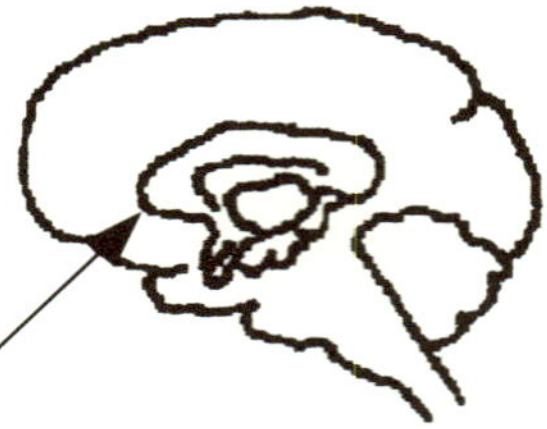

攻撃行動の生理的要因

人間がなぜ暴力的、攻撃的になるのかについては古くからさまざまなことが言われてきました。しかし、どのようなメカニズムが人間を攻撃的にし、あるいは暴力的にするのかはまだよくわかっていません。そのメカニズムは複雑で生理的、心理的、環境的な要因が入り混じっているからでしょう。ここでは、生理学的な要因（脳の活動状態など）の重要性を示すいくつかの事柄を説明します。たとえば、抑制不全症候群と呼ばれる人々（病的に残忍であったり、性的暴行を繰り返したりするような人々や、反社会的な欲求を抑えることができない人々）の中に、大脳辺縁系（脳の奥の部分）や頭頂葉（脳のてっぺんのあたり）に疾患が見つかる場合もあります。また、一九六六年、テキサス大学で銃を使って無差別殺人を行った人には辺縁系の一部（偏桃核）に腫瘍があったことが報告されています。また、古く一八四八年、鉄道工事の事故のために、前頭葉（脳の前のあたり）。脳のさまざまな部位からの情報を統合して判断するところであり、人間らしさ、人格、自我、意識などの機能があると考えられています）に鉄の棒がささった人が、その後、攻撃性が高まった例も報告されています。このようなことから、最近では大脳辺縁系には攻撃を推進する働きがあり、前頭葉にはそれを抑制する働きがあると考えられるようになりました。ですから、大脳辺縁系からの興奮性の信号が極端に強くなった場合に、あるいは前頭葉の抑制性の信号が極端に弱くなった場合に、攻撃性が強くなる可能性があります。

心理的要因——フラストレーション攻撃仮説

人間が攻撃的になるのは、もちろんそのときの環境的な要因あるいは、こころの状態に依存していることも明らかでしょう。父親から叱られた後に、腹いせについ弟をいじめたり、壁をけったりした経験は誰にでもあることです。この現象を説明する仮説の一つにフラストレーション攻撃仮説というものがあります。たとえば、自分が攻撃を受けたので報復攻撃をしたい。けれども敵からのさらなる攻撃があるかもしれない、あるいは報復対象そのものがわからないといったことで、フラストレーション（欲求不満）がたまり本来の敵以外のものにも攻撃的になる、という説です。何かの原因で欲求不満になり、それを解消するために攻撃的になるのだという考えです。もちろんフラストレーションが生じれば、それに対応した生理的な変化があるでしょうが、この説ではあまり生理的なことを強調しません。

フラストレーション攻撃仮説を支持する古典的な実験の一つに人種的偏見を研究したものがあります。ミラーとブゲルスキー（一九四八）は町中から離れた場所に集めた学生に対し、試験にパスすれば町に行けるという条件で試験を行いました。しかし、この試験は決して合格することのないような難しい試験だったのです。学生たちは退屈な生活から逃れて町に遊びに行けると思っていたのにとても難しい課題をやらされ、不合格になったのですから、欲求不満が溜まってしまいました。ミラーとブゲルスキーは試験の前後、日本人とメキシコ人に対する人種態度の調査を行い、試験後学生たちが高い人種偏見を示したと報告しています。集団に欲求不満が生じたとき、その欲求不満は集団の中の少数者に向かいやすいということはよく知られています。

ただし、欲求不満が直ちに攻撃行動に影響を与えるわけではありません。欲求不満は人間にさまざまな行動を引き起こします。他者への攻撃ではなく自分に攻撃することもあります。テストで思うような結果が出なかったとき自分を責めた経験はありませんか。また、欲しいものが手に入らなかったとき、攻撃的になるというよりむしろ、代わりになるものを手に入れたりすることで欲求不満を解消することもよくあることです。

人間はさほど単純ではないということでしょう。そのことを示すよい例が、ドゥ・ヴァールら（二〇〇〇）によって示されています。もっとも彼らの研究は人間ではなく霊長類に関するものでした。彼らは、それまでの常識「人間を狭いところに閉じ込めたら欲求不満が生じ、互いに殺しあったり犯罪が増えたりする」に異を唱えました。この常識から先に説明します。カルホーン（一九六二）は、ねずみの大群を狭い部屋に閉じ込めると、互いに殺しあったり、性的な暴力を起こしたり、最終的には共食いをすることを報告しました。従来この結果は、ねずみは狭いところに閉じ込められたために欲求不満がたまり、攻撃的な行動を行ったと解釈されてきました。人間にも同様のことが起こるだろうと考えられてきたのです。ところが、ドゥ・ヴァールらは、チンパンジーの集団を狭い場所に閉じ込めた場合でも特別に攻撃的な行動をとらなかったと報告したのです。彼らが調べた範囲では、狭い空間であってもチンパンジーは互いに毛づくろいを行い、攻撃的な行動が特に増えることはありませんでした。ちょっと楽観的過ぎるかもしれませんが、人間は過密状態から生じる欲求不満を何とか乗り越えられそうですね。

社会的学習理論

人間がどうして攻撃的になるのかを説明する理論の中に社会的学習、あるいは観察学習理論と呼ばれるものがあります。人間の行動の多くは、観察し真似をすることによって学習されていくという考えです。つまり、人間の攻撃行動は他の人の攻撃行動を観察することによって生じることになります。この考えは、バンデュラら（一九六一）によって主張されました。彼らは、幼稚園児に暴力的な大人の行動と非暴力的な大人の行動を見せてその後の園児の行動を観察したのです。実験では男性一名か、女性一名がモデルとなって遊んでいる様子を園児に見せました。暴力的なモデルはプラスチックの人形をたたいたり、投げ飛ばしたりなどの攻撃的な行動をとり、汚いことばを浴びせたりののしったりしました。一方、非暴力的なモデルは静かに遊んでいました。バンデュラらは、大人の行動を見せた後の園児のさまざまな暴力的行動の頻度を分類しました。その結果は、図1に示してあります。縦軸が攻撃性の得点です。高いほ

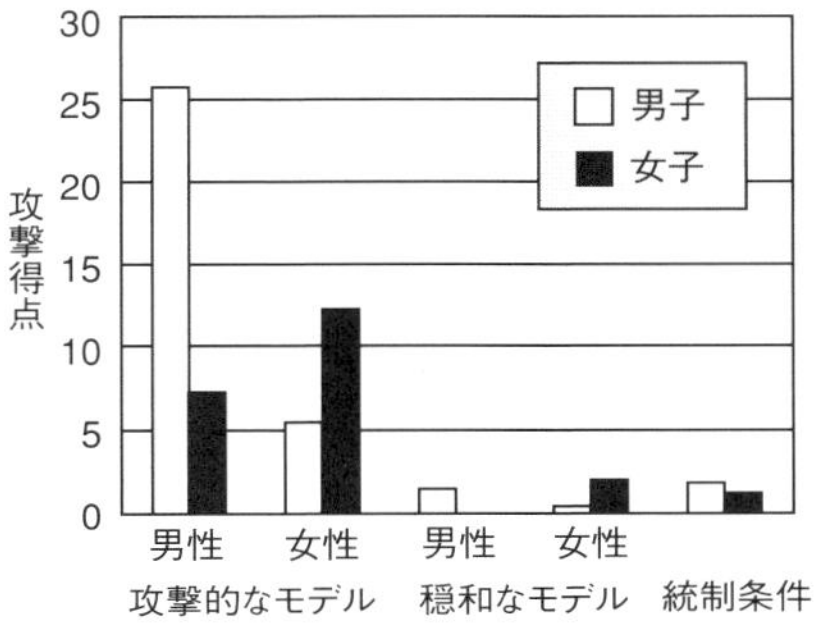

図1. 観察学習と攻撃得点

うが攻撃的ということになります。横軸は観察の条件（攻撃的なモデルか温和なモデルか、男児が観察したか、女児が観察したか）です。横軸の右端は統制条件（モデルを見せない条件）を表わしています。図から明らかなように、攻撃的なモデルを観察した幼児の攻撃行動は、温和なモデルを観察した幼児、統制条件の幼児に比べて攻撃得点が高くなっています。もっと大事なことは、男児の攻撃行動は男性モデルを観察したときに、女児の攻撃行動は女性モデルを観察したときに増加するということです。幼児は自分が「モデル」に選んだ人の真似をして、攻撃行動を模倣したと考えられています。

この研究以来、「暴力的な映画やテレビを観察することでこどもの攻撃性が増すか」という問題に多くの心理学者が取り組みました。現在のところ、全体としては、テレビや映画などで暴力的な場面が好きであるこどもは、友人関係でも暴力的に振る舞うことが多いことが知られています。また、さらにエロンら（一九七二）によると、九歳のときに暴力的場面にさらされることが多かったこどもはそうでないこどもに比べて、一〇年後に高い攻撃性を示すことがわかりました。暴力的な場面が好きな度合いと攻撃性とは相関があるのです。テレビで暴力的な場面を見るからこどもの攻撃性が増すとは簡単には言えないのですが、暴力場面が人間の攻撃性に何らかの影響があることは確かでしょう（相関関係と因果関係を区別することは心理学ではとても大事なことです。第九話参照）。おもしろいことにこのような相関は男児にだけ報告され、女児では報告されていません。これはおそらく、女児の場合、たとえテレビや映画で暴力的なモデルを観察しても、成長する過程で周囲から「攻撃的である

匿名性と攻撃の実験例
（ジンバルドー、1969 より）

ことは女性的ではない」という制約を受け、攻撃行動が一時的なものとなったからと考えられます。一方男児は、女児に比べるとより攻撃的であることを求められますので、攻撃行動が持続すると考えられます。

攻撃を促す環境要因

攻撃性に影響を与える環境要因もいろいろ報告されています。攻撃している人が相手にわからないこと（匿名性）、目の前にピストルなど攻撃を思い起こさせるような刺激があること、攻撃する対象までの距離、高温多湿などの不快な状態にあることなどです。匿名性の実験はたとえば、ジンバルドー（一九六九）によって行われました。彼の実験では、女子学生は二つのグループに分けられ、一方は顔を覆うフードを被り（匿名条件）、他方はフードの代わりに名札をつけて（個性化条件）実験に参加しました。被験者たちは「共感に関する実験」なので、別の部屋で話している女性（サクラ）に共感できないときは、電気ショックを与えるように教示されました。このとき被験者には、誰の電気ショックがサクラにいくかわからないと思わせました。このような条件でサクラの話をテープで聞かせて、匿名条件と個性化条件で電気ショックを与えた時間と測ると、匿名条件の被験者がより長く電気ショックを与えました（実際にコードはサクラにはつながっていません）。この実験は、匿名であること、攻撃する相手が見えないことあるいは、誰が攻撃したかがわからないことが攻撃性を

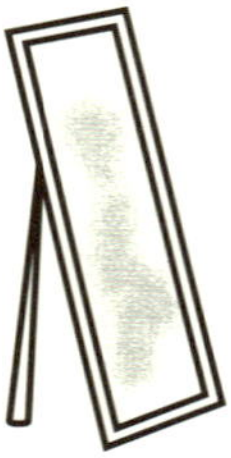

鏡よ、鏡、
世界で一番美しいのはだーれ？

高めることを示しました。

自己愛と暴力

匿名条件であろうと、フラストレーションがたまっていようと、すべての人間が暴力的になるわけではありません。個人差があるのです。どういう人間が攻撃的になりやすいのでしょうか。たとえば、「自己評価の低い人が暴力的になりやすい」という考えがあります。自己評価の低い人は劣等感に悩んでおり、そこから逃れるために攻撃的になりやすいという考え方です。最近、バウマイスター（二〇〇一）は、この考え方に異を唱えています。そのような考えを支持するようなデータはないと言うのです。むしろ、自己愛が強い人（ナルシスト）が過剰に攻撃的になりやすいと主張しています。彼とその共同研究者は、まず自己愛（たとえば、自分をとても偉大な人物だと思ったり、そのために傲慢に振る舞ったりする）の程度を測るテストを使ってナルシストを見つけ出しました。次にナルシストである被験者に「反応時間を調べる実験」を行いました。その実験は二人組みで行い、早くボタンを押したほうが、遅いほうに大きな音を立てることができました。この実験では、その音の大きさと長さを、ペアを組んでいる相手に対する攻撃の指標と考えました。実は、この実験の前に被験者は「人工中絶をどう思うか」についてのレポートを書いており、そのレポートを評価した人がペアを組んでいる相手であると信じ込まされています。またレポートの評価は、実験者が高得点と低得点を決めています。実験の結果、ナルシスト得点の高い被験者は、相手が自分に対して低い評価を下している場合に限って高い攻撃性を示しました。相手かまわず攻撃をするのではなく、自分を軽蔑するような態度を示した相手に対してのみ攻撃をしたのです。

権威主義的性格と加虐性

他者に攻撃を加える傾向（加虐性）の強い人間に関する研究で記しておきたいものがあります。権威主義的性格に関する研究です。この研究は「なぜナチス・ドイツによる大量虐殺が起こりえたのか」という疑問に端を発しています（先に説明した、アッシュやミルグラムの実験も同じ疑問に端を発しています）。この疑問に答えるために、アドルノら（一九五〇）は虐殺に関与した人々の面接資料から権威主義的性格という概念を提案しました。権威主義的傾向の一つの特徴は教条主義的であることです。つまり、自分たちの信奉する主義・主張が絶対と信じ、他者の主義・主張に耳を傾けない不寛容な態度がその特徴なのです。また、因習主義的傾向（古いものや前例にあるものが好ましいと考える傾向）が高く、自民族中心主義（自分たちが民族として優秀であることを強く信じる傾向）である点も権威主義的傾向の特徴です。攻撃性という点で言うと、他者に対して不寛容であるということは、他者への加虐性が高くなることを意味します。権威主義的傾向の高い人々は、自分たちと異なる主張を行うものを排斥し、攻撃的になりやすいと考えられています。

どうすれば攻撃性を抑えられるか

心理学で攻撃性の授業をすると、「人間が攻撃的になるのはよくわかった、でもどうすれば攻撃的にならないか、ということをどうして教えないのか」という質問をよく受けます。残念ながら、こうすれば攻撃的ではなくなるという決定的な方法はありません。実は、一九三〇年代半ばから一九六〇年代にかけて、極端な攻撃性を示した患者さんの治療法として前頭葉を破壊するという方法が試みられたことがあります。精神外科手術と呼ばれる方法です。この方法は攻撃性を抑えるという意味では成功しました。ところが、この方法は患者さんの意欲をも破壊してしまったのです。患者さんは攻撃性も示さなくなった代わりに、積極的に外界と交渉しなくなったのです。なかには廃人同様になった人もでてきました。一回破壊した脳を元に戻すことはできません。はっきりとした統計は見つかりませんが、日本では数万から十数万の患者が精神外科手術を受けたようです。日本では精神神経学会が一九七五年に「精神外科を否定する決議」を出して以降少なくとも公的には行われていません。ただし、北米やヨーロッパではまだ行われることがあるそうです。

人間を攻撃的にしない一つの有効なやり方は、おそらく観察学習理論を応用する方法です。さきほど述べたように、人間の行動はモデルとなる人の行動を真似ることから始まります。

この考えによれば、こどもに攻撃的でないモデルを提示できれば、攻撃的な行動は減るはずです。事実、他者を援助する大人を観察すると、こどもの援助行動は増加することが報告されています。ですから、社会全体として「他者に優しく振る舞うモデル」が多くなればなるほど、社会全体としての攻撃性もそれだけ減ると考えられます。災害現場で人々が助け合う姿はこどもたちに援助行動を学習させる良い機会となるでしょう。一方で戦争、民族紛争、など敵意ある環境を眺めていると、こどもに「他者に優しく振る舞う」環境を準備することがどんなに難しいかもわかります。

私は個人のレベルで考えると、今のところ、「自分たちは状況によってはとても簡単に攻撃的になり残忍な振る舞いをする、そういう動物である」ことを自覚するしか方法はないと考えています。「陰陽師―龍笛ノ巻」の中で、夢枕獏さんは源博雅にこのように言わせています。「人はこころの中に鬼を住まわせている。人はそれを知っているので心の中から鬼が外にでないように自分を大事にする。また、それを知っているので他の人にも優しくなれるのだ。」

第五話　児童虐待が増えているのはなぜですか。

確かに最近，児童虐待のニュースをよく耳にするようになりましたが…

児童虐待の統計

児童虐待は増えているのでしょうか。新聞やテレビではよくそういう議論を耳にします。でもちょっと考えてみましょう。図1は一九九一年から二〇〇八年までに日本の児童相談所が児童虐待として扱った相談件数を示しています。児童福祉法では、一八歳未満のこどもが児童と呼ばれています。ですからこのグラフは一八歳未満のこどもに対する虐待の相談件数を示しています。グラフからは、確かに相談件数が増加したことが読み取れます。この増加は最近児童虐待が増えたことを意味するのでしょうか。残念ながらそう単純ではないのです。というのは、一九九〇年代前半のデータが、実際に起こった児童虐待の数をどの程度正確に反映しているかがわからないからです。

よく考えてみますと、図1に示したような統計が取られ始めたのはつい二〇年ほど前からです。また、この統計は相談件数に関するものです。親などの養育者からの相談もあるでしょうし、また周りの人（近所の人、行政の人、教育関係者など）からのものもあるでしょう。この二〇年間で相談数が増えているのは確かですが、最初の数年間に相談数が少なかったのは、多くの人がこどもに注意を向けていなかったせいかもしれません。九〇年代の終わりにかけて相談数が急に増えたのは児童虐待ということばが世間に広まったためかもしれません。残念ながら現実にどの程度の児童虐待が行われ、そのうちどのくらい相談されたのかはよくわからないのです。世間に「児童虐待」が広く知られるようになりましたから、これか

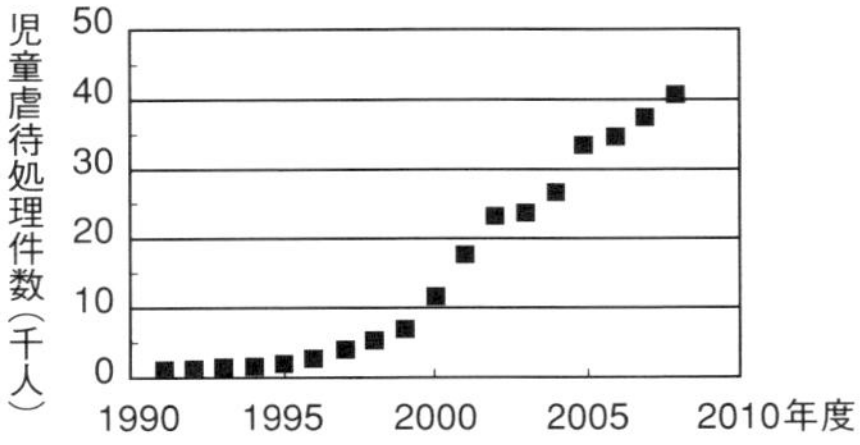

図1. 児童虐待相談件数の変化

らはほぼ同じ基準で虐待の報告が行われると期待できます。ですからもう少し統計を取ってみなければ、増えているかどうかの正しい判断はできないと思います。今のところはまだなんとも言えないのです。「最近児童虐待が増えた」と断言するのは早計だと思われます（統計資料の読み方の問題点は第八話参照）。

ところで児童虐待の統計が取られる前は、児童虐待はなかったのでしょうか。私の記憶では三〇年ほど前に見た新生児を特集したテレビ番組の中で、日本では虐待はほとんど報告されない、と言っていました。それが当時の一般的な認識だったのでしょう。そのころアメリカでの児童虐待がいろいろ報道され、「フライパンで焼かれた少女の手記」などが発表された時期でした。しかし、児童虐待はアメリカに限ったことではありません。よく考えてみると、日本でも昔から「しつけ」と称して親によるこどもへの暴力はあったでしょうし、歴史的に考えてみると第二次大戦以前は、こどもは売り買いの対象の一つでした。今の感覚ではこどもの売買というのは立派な児童虐待です。ただ当時はそのことを特別異常なことだとは考えていなかったのです（第六話）。私の父親（一九二五年生まれ）もよく親から殴られたり、床下に閉じ込められたり、裏山の木にくくりつけられたり、ご飯を抜かれたりした、と言っていました。長男である自分と長女だけが特にそのような「しつけ」にあっているようで、非常に辛かったそうです。当時、虐待などということばはありませんから、もし仮に彼がしつけの結果死亡したとしても、それは事故死としての統計になるだけでした。

統計上増えていようがいまいが、虐待を受けているこどもは昔から確実に存在します。かつては虐待という呼び方をしなかったと考えるほうがよさそうです。ですから、最近児童虐待が世間の注目を集めたことは、虐待を早く察知し、児童への好ましくない影響を最小限にするシステムを作るチャンスがきたと言えないこともありません。

児童虐待とは何か――その原因は

虐待と聞くと何となく身体的虐待を考えてしまいますけれど、実は性的虐待、ネグレクト（怠慢または拒否）、心理的虐待も含まれます。ネグレクトというのはたとえば、こどもの世話をせず、食事を与えなかったり、ひどい病気なのに医者に診せなかったりすることです。心理的虐待というのは、たとえば極端にこどもがおびえることを言ったり行ったりすること、また罵声を浴びせてことばで攻撃したりすることなどが含まれます。図1には、そのような虐待の総計が示されているわけです。

私たちは児童虐待について語るとき、その原因を知りたいと思います。しかしながら、今のところ原因を特定できてはいません。複雑な要因が絡み合っていることはわかっています。虐待の種類によって異なる要因が影響することも知られています。たとえばブラウンら（一九九八）の報告によれば、身体的虐待の危険要因は（虐待が増加する可能性がある要因）は、母親の人格障害、経済的困窮、父親が積極的に育児に関与しないことなどでしたが、性的虐待の危険要因はこどもの（知的あるいは身体的）障害、母親の人格障害、保育者（こどもの世話をする人）がストレスを生む事態にさらされること、あるいは義父がいることなどでした。両者に共通の要因は母親の反社会性人格障害です。反社会性人格障害とは、社会的なルールにあまり重きを置かず、自分の快楽や利益のためなら平気でそのルールを破るような行動傾向、性質のことです。一見、この性質が虐待を生む原因のように見えますが、なぜある人々が反社会性人格障害になるのかはわかっていません。また、反社会性人格障害に分類される行動が、単一の要因で起こるのかさえもはっきりしません。「母親が反社会性人格障害である」というのはただ単に母親の性格を分類しただけのことで、それを原因と考えることは単なる言い換えにすぎないという主張もできます。もちろん、身体的虐待の危険要因として挙げた、経済的困窮や父親の育児不参加という要因は、文化的あるいは制度的に改善可能な事柄です。原因を探るという作業も、長期的な眼で見ると児童虐待を少なくすることに貢献できるのです〔ここに挙げた要因だけが、危険要因ではありません。ブラウンの研究の中で危険度が高いとされたものを挙げたにすぎません。他には、養育者の教育程度、年齢、片親、精神障害（特にうつ病、アルコール依存症）、望まない妊娠などです（ブラウンら、一九九八、吉田ら、二〇〇二）〕。

さきほども述べましたように、児童虐待の原因を追及することよりもっと大事なことは虐待を受けた児童が社会に適応して生きていけるような方策を考えることです。長期間にわたって虐待を受け続けると、こどもが社会生活を営むうえでのさまざまな能力に計り知れない影響を及ぼします。特徴的なことは、体重や身長の発達の遅れ、言語や知能の発達の遅れ、対人行動の発達の遅れなどです。体重や身長の遅れは、敵意ある環境に置かれたために、成長ホルモンの分泌が低下するためと考えられています。言語発達の遅れは、適切な時期に十分に豊富な言語環境に置かれないためだと考えられています。人間は他者とコミュニケーションをするのに言語を使いますから、言語が遅れますと知能が低いと判断されやすいのです。また、対人行動の発達は養育者との信頼関係に依存すると考えられますが、その養育者から攻撃を受けるのですから、正常な発達が望めないのも当然かもしれません。しかし、虐待を受けたからといって、その後の援助がきちんと行われていれば、普通の社会生活が送れるようになる例もあります。そのことを次に述べます（不幸にも虐待によって致命的なダメージを受ける場合もありますので、あまり楽観的に語ることもできません）。

一九七二年、日本で児童虐待（ネグレクト）を受けた二人の姉弟（発見当時、五歳と六歳）が見つかりました。図1の統計が始まる二〇年ほど前だということに注意してください。ちょうどテレビが「日本では児童虐待はありません」と言っていた頃です。両親は姉弟を外廊下に作ったトタン屋根の小屋に閉じ込め、排泄物を垂れ流すままに放置したのです。いつからネグレクトが始まったのかははっきりしませんが、姉弟は数年間小屋に閉じ込められていました。食事は年長の姉に運ばせていました。発見当時、彼らは生後一歳程度の体つきをしており、歩くこともできませんでした。また、ことばもしゃべることはできませんでした。彼らを支援するためにチームが組まれ、二〇年ほどの発達の遅れを取り戻すためのさまざまな取り組みがなされました。そのチームは、姉弟と親密な関係を保つ一方、少しずつ人との接し方やことばなどを教えていきました。姉弟は大変な努力を続け、少しずつ発達の遅れを取り戻し、高校卒業後は希望の職業につき、現在は一般的な社会生活を営んでいると報告されています（内田、一九九九）。

いくつかの誤解

虐待を話題にするとき、いくつか気になることがありますので、ここで取り上げたいと思います。よく見聞きする虐待の原因に「虐待の連鎖」というものがあります。「虐待の原因は、かつて虐待を受けたことだ」という主張です。ところが、現在の虐待がその前の虐待に原因があるとすると、前の虐待の原因はその前の前の虐待に原因があり、延々と続いていきます。それは虐待の原因について説明したことになるのでしょうか。心理学者が主張しているのは「虐待を引き起こす危険要因の一つにかつて虐待を受けた経験がある」ということなのです。虐待を受けたこどものすべてが大きくなってから虐待者になるということではありません。たとえば、さきほどの、私の父の話を思い出してください。私は彼から暴力を受けた記憶はありません。母親に聞いても私に手を上げたことはないそうです。以上のことから考えられることは、虐待の経験という要因と何か別の要因が重なったときに虐待の連鎖と呼べるような現象が生じうるということです。

相関は必ずしも因果関係を意味しない

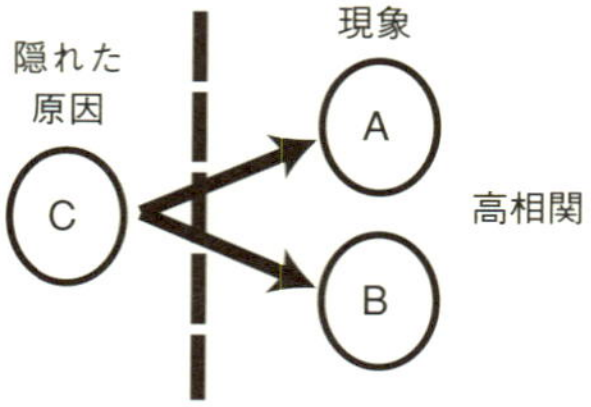

ちょっと理屈っぽくなりますが、ここで原因と要因について考えましょう。最初に一般論を述べます。ある現象A（児童虐待）があったとき、ある要因B（虐待経験）を同時に観測したとしましょう。このとき「BはAの原因です」とは言えないのです。まだ明らかにされていない要因C（たとえば反社会的人格障害）があって、それが要因Aと要因Bのそれぞれの原因で、要因AとBには直接の関係がない場合もあります。まだ明らかにされていない要因D、E……があるかもしれません。要因Bが現象Aの原因であるという結論を導き出すには結構ややこしい手続きを経なければならないのです（第九話参照）。実際に調査をするときにはまた別の問題が控えています。たとえば、児童虐待を行った人々（虐待者）に対してアンケート調査を行ったとします。そのときかつて虐待経験があるかどうかをたずねたとしましょう。ここで問題なのは、「虐待の連鎖」説を虐待者も知っているだろうことです。アンケートされる側の知識がアンケート結果を歪めることはよく指摘されることです（村上、二〇〇五）。特にもし「虐待の連鎖」説が正しいとすれば、虐待の原因は虐待者の親や養育者ということになりますから、虐待者には都合の良い言い訳にも使われるかもしれません。ですから、虐待経験があるという反応が増えることも考えられます。逆にまた、虐待者が虐待されたということを隠す可能性もあります。何かうまいアンケートの方法を考えるか、アンケート以外の方法を考えなければなりません。いままで述べてきたように、虐待の原因を突き止めるのは大変困難な作業ですし、人間をめぐる事柄はそう単純ではないのです。

次に私が気になることは「虐待は実子より継子のときに起こりやすい」という意見です。

どの程度、実父や実母が虐待をするのでしょう。警察庁が発表した平成一六（二〇〇四）年度の統計によりますと、虐待によって死に至った児童は五一人です。この虐待死に関して逮捕された人は六一名、そのうち実母が四六％（二八名）、実父が三一％（一九名）です。ということは、合計すると七七％、全体で約四分の三にもなります。実は報告された虐待全体の中では、実子である場合が多いのです。ある意味では当然とも言えます。というのは、こどもの世話をするのはもともと、実父や実母である場合が多いので、報告された虐待の中では実子である場合のほうが多いのです。

しかし、虐待の報告数ではなく虐待が生じる率を考えてみたらどうでしょう。さきほども述べたように、こどもの多くは実父や実母によって世話をされています。ということは実子での発生率と継子での発生率を比べた場合、実子の場合には分母が多いので、継子での発生率の方が高くなるでしょう。「継子のときに起こりやすい」という意見と一致する計算結果とも言えます。虐待の報告数で考えるのか、発生率で考えるかによって、その意見が妥当であるかどうかが異なります。何回も言いますが、人間をめぐる事柄はそう単純ではないということです。統計から何を読み取るかには十分気をつけましょう。

かつて施設病と呼ばれている〝病気〟があった

最近は、児童虐待が問題になっていますが、二〇世紀初頭から中ごろにかけて、ちょうど児童虐待（特にネグレクト）を受けたこどもと同じような症状を示すこどもたちに注目が集まったことがあります。最初の問題提起は、乳児院とか孤児院などの収容施設でこどもの死亡率が高いことでした。その後、栄養とか衛生状態とかに気が配られ死亡率は低下しましたが、今度は身体、知能、情緒などで発達が遅れることが問題となってきました。施設のこどもたちが、ちょうど虐待を受けたこどもたちと同じような症状を示したのです。これらの症状はホスピタリズム（施設病）と呼ばれました。ホスピタリズムの原因が、母親（養育者）がいないことによるのか、収容施設の劣悪さによるのかの議論はありましたが、現在では決まった少数の養育者と一定時間接触しないために良好な対人関係が築けないことが原因だろうと考えられています。その考えにたって、保育所などで保育者一人が世話をできる乳幼児の数が法律で決まっています。たとえば、厚生省令、児童福祉最低基準の三三条によれば、「保育士の数は乳児のおおむね三人につき一人以上……」となっています。もちろん、現在の日本ではホスピタリズムはない（はずです）。

母性行動は本能か

児童虐待と聞くと多くの人が「親（特に母親）がこどもをいじめるなんて理解できない」という反応を示すのではないでしょうか。「母親だからこどもを愛すること、世話をすることは当然だ」という考えがあるようです。母性行動は本能だという言い方もされます。本能というのは遺伝的に決定された行動ということですが、母親が子どもの世話をすることは本能的な行動なのでしょうか。母性行動が単純に遺伝のみで決定されないことは、動物園などで人間の手によって育てられた動物が子育てを行わない、子育てができないなどの報道からも明らかです。環境によっては、チンパンジーなどの霊長類でなくとも、トラとかライオンまでも子育てを放棄することを見聞きしますから、母性行動といっても哺乳類では系統発生的には結構早い段階で遺伝と環境の両方に依存しているのかも知れません。

このことを示す研究がラットで見られます。たとえば、出産経験のないメスや若いオスでも仔のラット数匹と一緒に置くと、何日かすると母性行動を行うことが知られています。もちろん人間を含め、母性行動がホルモンによって制御されていることもよく知られていることです。しかし、若いメスやオスが示すこのような「母性」行動はホルモンの影響は受けておらず、仔の姿や形、におい、体温、（仔が母親を呼ぶために出す）超音波などで引き起こされると考えられています。ラットの母性行動には確かに環境も影響するのです。また、フランシスら（一九九九）は、仔のラットが成熟してから示す母性行動は、その母親の母性行動のタイプに依存することを発見しました。ラットの母性行動には二つのタイプがあることが知られています。一方のタイプは、仔を頻繁になめ、毛づくろいをする（母性行動をよく示す）タイプで、他方はそうでない（母性行動をあまり示さない）タイプです。これらのタイプで育てられたメスのラットは成熟して出産したとき、母親と同じタイプの母性行動を示しました。さらに、母性行動をよく示すラットに、母性行動をあまり示さないラットから生まれた仔を育てさせた場合でも、成熟した仔は育ての親と同じような母性行動をとりました。このようなラットの行動は環境の影響だと考えられています。ラットの母性行動にも環境の要因が影響するのですから、「人間での母性行動が遺伝的に決定された本能的行動である」とは言いにくいことがわかります。ラットで見られるこの「母性行動の伝播」はさきほどの「虐待の連鎖」説の一つの根拠ですが、この実験はよく制御された環境（ほかの要因の影響が出ないような環境）のもとでの結果ですから、複雑な要因を含む人間の行動にそのままあてはめることはちょっと無理があることも理解してください。

愛着行動

さきほど、ラットの場合には仔と接触することが母性行動を引き起こす要因の一つだと書きました。このことは、母性行動を引き起こすためにはこどものほうからの働きかけも重要な要因であることを示唆します。心理学でもこども（特に乳幼児）が親（あるいは養育者）に示す行動の一つとして愛着行動が着目されています。愛着行動とは、養育者と一緒にいたがり、養育者と親密な関係を取りたがる行動のことです。愛着行動によって養育者との親密な関係を築いた後、こどもは他者へ意思を伝える方法を学び、他者を信頼することや愛することを学び成長していくと考えられています。乳幼児の愛着を形成する要因としてはいろいろ報告されていますが、一九六〇年から七〇年代にかけてボウルビィとその共同研究者たちは、母親がこどもの状態や欲求を敏感に察知して適切に振る舞うかどうかが愛着に影響し、母親の養育態度が乳幼児の性格に多大な影響を与えると主張しました。

その後しばらくの間、彼の主張にもとづいて、（愛着行動の発達のために）乳幼児の世話は母親が行うべきで出生後すぐに働くべきではないとか、こどもの行動に問題があるとすれば母親の養育態度（育て方）に問題があったのだ、とかいう考えが広がっていきました。しかし、一方ではこどもの個性（ぐずりやすいとか機嫌がいいとか）が母親の養育態度に影響することも示されています。最近の研究結果を見ると、育児を行うのは何も母親である必要はありませんし、きちんとした施設で育てる限り特別に大きな問題はなさそうです。

しかしながら、さきほど述べましたように児童虐待が行われるような環境ではこどもはうまく愛着行動を発達させることができないと考えられています。こどもの示す対人行動の未熟さは、精神障害の中で「反応性愛着障害」として分類されていますが、児童虐待はこの障害の一つの原因だと考えられています。この障害はアメリカ精神医学会が作った基準の一つ「通常、幼児期、小児期、または青年期に初めて診断される障害」の下位判断カテゴリーです（第六話）。幼児虐待は精神障害と分類されるような症状を生み出すこともあるのです。

児童虐待は心理学だけのトピックではありません

第五話では児童虐待について述べてきましたが、実は心理学の一般的な概論書で児童虐待というトピックはほとんど出てきません。図1の統計が一九九一年からであることにも示されているように、児童虐待が注目されてきたのは比較的最近なのです。概論書に記載が少ないのは、他の分野に比べて概論書に載せられるほどのデータがそろっていないためだと思われます。また、概論書では心理学に独特の分野の基礎的なことを学びますが（第八話）、児童虐待は発達心理学、健康心理学、カウンセリング心理学などのさまざまな分野にまたがった応用編のトピックであるということも影響しているでしょう。児童虐待はまた、心理学だけではなく社会学（家族社会学）、精神医学（小児精神医学）、法律学、保健学（精神保健学）などの分野でも扱われているトピックです。

さて、第五話の最初で虐待の実数はわからないと書きましたが、二〇〇〇年度に国立成育センターが推定をしています。センターは、保健、医療、福祉、教育、警察、司法、民間の関係機関の全国調査を行い、社会的介入を要する児童虐待の年間発生数を全国で三五、〇〇〇人と推定し、虐待で死亡した数を一八〇人と推定しました。ところが二〇〇七年には児童虐待相談数は三七、〇〇〇人を越えてしまいました。虐待相談のこの件数を多いと思うのか、少ないと思うのかは個人によって違うでしょうが、さまざまな分野の動きが今後も増えて虐待が少しでも減ることを願っています。

第六話　異常な行動の原因は何ですか。

うさぎ，それともアヒル？　何が正解？

異常って何でしょう

さて、例によって「よく考えてみようのコーナー」です。異常とは何でしょうか。日常会話ではよく耳にする単語です。「こどもを虐待するなんて異常だ」というふうに。でも異常という単語は、思った以上にやっかいなのです。どんなことが異常なのでしょうか。人をためらいもなく殺すことでしょうか。最近はほぼ毎日のように殺人事件が報道されています。集団暴行、幼児虐待、老人虐待による殺人、保険金殺人、など多様です。にわかにはちょっと理解できない殺人事件が報道されることもあります。しかし戦争状態にある国では、殺人は日常茶飯事です……。また、ある人々は抗議のために自爆さえ行います。

最近の心理学の教科書（*Atkinson & Hilgard's Introduction to Psychology*, 2003）には、「ファッションは時とともに変わる——ちょうど異常の定義が変わるように」とありました。時代が変われば異常の定義が変わるということです。今は異常と考えられていますが、かつては普通の行動だったとか、その逆もありますよ、ということです。たとえば、江戸時代は牛を殺して食べることは人の道に反する行動でしたが、今は問題視されません。多くの人が貧しく、飢えによる死が日常茶飯事だった時代には、食糧難でこどもの命を奪わなくてはならないこともあったし、こどもが商品として売買されたこともありました。これは今では大問題です。命のやり取りでなくても、一九三〇年代の日本で耳にピアスをした男性（女性でも）が町を歩いたら、おそらく逮捕されて、場合によれば実刑をくらったでしょう。今は耳にピアスをしている男の人はさほど珍しくはありません。

異常の基準——常識からの逸脱

異常とは何かということは結構面倒であることがおわかりいただけたでしょうか。でもまあ、いくつか異常を決める方法があるように思います。最初の方法は「社会常識からどの程度逸脱しているか」ということです。ただ文化によって常識が違い、かつ時代によっても地域によっても常識が違います。同じ行動でも異常だったり、正常だったりするのです。というわけで「常識からの逸脱」だけを異常の基準とするにはちょっと問題があります。

ここで地域、文化によって常識が違うことを示す有名な報告を紹介しましょう。ミード（一九三五）は、ニューギニアのある島の隣接した三つの部族を観察しました。彼女の報告によると三つの部族の男女役割がまったく違っていました。一つの部族では、男の人が子守をし、女の人が労働（農業と漁業）を行っていました。女の子は活発、支配的になるように養育され、男の子は内気で依存的になるように養育されていました。もう一つの部族では、こどもは攻撃性を抑えられて育ち、男女とも温和で協調的でした。また、別の部族では勇敢であることが強調され、男女とも攻撃的に育てられました。非常に狭い領域のことでしたが、それぞれの部族が異なる文化をもち、それぞれの住人はそれぞれの文化の標準に合わせて生活していたのです。ですから、三番目の部族の標準的な

サモア島のミード

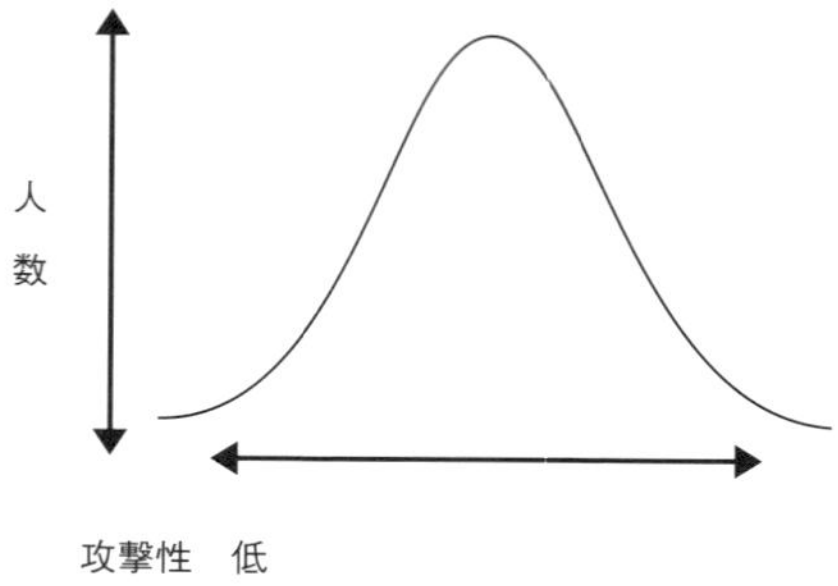

図1. 異なる攻撃性をもつ人々の分布

人が、二番目の部族に加わると「異常に攻撃的な人物」として排斥されたでしょう。一つの文化の中で異常と考えられる行動が他の文化では必ずしもそうではないのです。

統計的基準

異常をもっと厳密で「客観的」に決めることは可能です。一つの方法は統計を使うことです。たとえば、人間の攻撃性を考えてみます。図1を見てください。縦軸が人の数です。横軸が攻撃性の強さです。攻撃性の強さは、「いやな奴がいると殴りたくなる」、「自分の意見は最後まで通す」とかいった質問にどう答えるかによって測ることができます。このような質問に常に「はい」と答える人は少数です。いつも「いいえ」と答える人も少数です。多くの人がときどき「はい」と答えたり「いいえ」と答えたりします。ですから、その数を調べ、数学的に操作をすると図1に示した分布になります。そうしますと、この分布の右端と左端の反応を示す人は非常に少ないので、そのような人を異常と呼ぶことができます。しかしこの基準は私たちのもつ価値観と必ずしもうまく対応しません。たとえば、図1が知能指数を表わしていると考えてみましょう。右端に分布しているが指数がとても高い人です。確かに知能指数がとても高い人は少数ですが、異常と呼ぶにはちょっと問題がありそうです。また異常行動のすべてが測定可能なのかという問題も残っているので話はそう単純ではありません。

医学的基準

もちろん専門家の基準で決めるという方法もあります。現在のところ、異常行動を分類し医療行為を行えるのはお医者さんだけです。表1にアメリカ精神医学会が決めた一番新しい分類基準（DSM‐IV‐TR診断基準）があります。この分類基準は症状を基準にしたものです。従来の分類基準は異常行動の原因でしたが、原因は推定されたものであるし、類似の症状でも原因をどう推定するかによって異なるカテゴリーに分類されることがありました。そのために分類の基準としては不適切と考えられたようです。新しい分類では、専門家の間で分類の基準が一定になるように工夫されました。専門家によっては、国際疾病分類基準（ICD‐10）を使う人もいます。

多くの研究を経て工夫がなされてきましたが、異常行動の分類基準にはまだ明白ではない部分が残っています。インフルエンザの診断はウイルスの有無で決定できますが、異常行動の分類は、専門家の間でも分類基準の適用が必ずしも一定しないことがあるのです。最近でも、専門家による分類の問題点が指摘されました。二〇〇四年日本精神医学会は臨床医がPTSD（第七話参照）とした診断の半数が診断基準を誤って適用しているという警告を出しています。私は、ここで専門家の分類をあやしいと主張したいわけではありません。異常と

表1　アメリカ精神医学会の分類基準

1. 通常，幼児期，小児期，または青年期に初めて診断される障害
2. せん妄，痴呆，健忘性障害，および他の認知障害
3. 他のどこにも分類されない一般身体疾患による精神疾患
4. 物質関連障害　5. 統合失調症および他の精神病性障害　6. 気分障害
7. 不安障害　8. 身体表現性障害　9. 虚為性障害　10. 解離性障害
11. 性障害および性同一性障害　12. 摂食障害　13. 睡眠障害
14. 他のどこにも分類されない衝動制御の障害　15. 適応障害　16. 人格障害
17. 臨床的関与の対象となることのある他の状態　18. 追加コード番号

いう用語はきちんと考えようとすると結構大変だということを指摘しておきたいだけです。いくつかの問題点は含んでいますが、いろいろな異常行動が表1のように分類可能なのです。この本では分類された個々の異常行動について詳しい説明は行いません。紙片が限られているという点もありますが、かえって偏見を生むことを恐れるからです。興味のある方は詳しい本を読んでください。

さてここまで、質問者にならって「異常」行動という用語を使ってきました。でも私には異常ということばは何だか「よくない」という意味を含んでいるような気がします。そこでこれから先の議論には別の用語を使いたいと思います。不適応行動という用語です。人間はいろいろな環境（文化、地域、時間、集団など）の中で生きていきます。その環境にうまく適応して生きていくわけです。ですが何らかの原因でうまく生きていけない（不適応な）状況が生じ、表1に分類されるような行動をとると考えられます。このような考えからいわゆる異常行動は不適応行動と呼ばれることがあります。

不適応行動のモデル

不適応行動と言い換えたのはいいのですが、じつはまだ、「不適応の原因はこれだ」というほど明白なことはわかっていません。ですから、不適応行動を考えるときは、いくつかのモデルが使われます。ここで言うモデルというのは、不適応行動を「仮の」原因で説明することです。もしモデルが正しいとすれば、そのモデルにもとづいた方法で不適応行動を適応行動へと修正できるはずです。現在のところ、一番優勢なモデルは生物・医学的モデルです。このモデルでは不適応行動を、人間というシステムが何らかの遺伝的な、あるいは生物化学的な原因で器質障害、または機能障害を起こした状態と考えています。ちょっと難しいですが、器質的な障害というのは人間のさまざまな器官が壊れていることに由来する障害です。壊れている場所は脳とか神経系のあたりかもしれませんし、内臓かもしれません。一方、機能的障害というのは器質的には正常かもしれませんが、何らかの原因でうまく機能していないということです。このように考えると不適応行動についても、体の病気と同じように障害がどこにありどうすれば治せるかを研究することができます。この考えにもとづいて、不適応行動はいくつかのカテゴリーに分類されています。このカテゴリーに応じて、薬物が処方されたりするわけです。いろいろな不適応行動もだいぶ脳機能の不調という考えで説明できるようになったので、不適応行動を「こころの病気」ではなく「脳の病気」と考えるべきであるという主張もなされています。

心理学的モデル

一方、心理学的モデルでは一般に不適応行動を「こころの病気」と考えています。このモデルは大雑把に言って、精神分析学モデル、人道主義モデル、行動主義モデル、認知モデルなどに分けることができます。さきほども述べましたように、それぞれのモデルはそれぞれの考えにもとづいて、人々を不適応状態から適応状態へと「変えよう」とします（変えるということばは不遜であるという議論もありますが、ここではその議論には深く立ち入りません）。それが心理療法と呼ばれる方法です。その方法はそれぞれのモデルによって異なります。一説には三〇〇以上の療法があるそうです。

フロイト（第二話参照）によって提唱された精神分析学モデルは、不適応行動は意識下（無意識の領域）に抑え込まれた、抑圧された本能的な欲望と自我との葛藤から生じると考えられています。彼の理論は一見不合理に見える不適応行動をうまく説明できます。たとえば転換ヒステリーと呼ばれる不適応行動（表1では身体表現性障害に分類されます）を考えてみましょう。健康なはずなのに（器質的には悪くないのに）、目が見えなくなったり、腰が立たなくなったり、手が動かなくなったりするような症状が転換ヒステリーと呼ばれます。ちょうど、「アルプスの少女ハイジ」の中で歩けるはずのクララが車椅子に乗っていたことが転換ヒステリーにあたります。精神分析学モデルによれば、転換ヒステリーは意識下に抑え込まれた不安、不満などが健康な体に影響して、動かなくなったり見えなくなったり聞こえなくなったりすると考えられています。

フロイトの理論は多くの賛同者を得ましたが、本能的な欲望としてあまりに性的な欲望に注目をしたり、過去のできごとを重要視したりする考えが、以降の心理学的モデルによって批判を受けています。たとえば、現在の不適応の原因が幼児期の何らかの経験にもとづいていると指摘されても、その経験を取り消せません。また、そのような経験にこだわり続けることに積極的な意味を見出せません。さらに、不適応行動の原因を過去に求めるより、どのように解決するかを考えるほうが重要です、といったような批判です。

人道主義モデルでは、不適応行動を、ある個人が現実をユニークな見方で把握しようとしていることから始まると仮定しています。その個人の行動傾向をまず人間の行動傾向の一つとして認めよう、とするわけです。この考えにたった療法の一つに人間中心療法を考えることができます。この療法では、来談者（クライエント）が自分らしさを発揮できるような援助を目的とします。このモデルでは病人を意味する患者という用語を使いません。療法の中心に、クライエントと相談を行う者（カウンセラー）は対等であるという考えがあるからです。本書でも以降、この考えに敬意を表してクライエントという用語を使います。

行動主義モデルは不適応行動を学習されたものだと考えます。ですから学習をやり直せば不適応行動は修正可能なはずです。このモデルにもとづいた療法は行動療法と呼ばれます。さまざまな行動療法の手法がありますが、ここでは、表1で不安障害に分類されるパニック症候群を例にして、学習療法の基本的考えを解説してみましょう。パニック症候群とはたとえば、ある日突然、動悸を感じ、息苦しいといった症状とともに、これから自分はどうなるのだろうとかいった激しい不安が発作的に起こる不適応行動です。このような発作を一度経験すると、次いつ同じような発作が起こるか不安でたまりません。もし、この発作が電車の中で繰り返し起こったとすると、不安のために電車に乗れないといったことが起きてきます。行動療法という観点から見ると、電車と不安が結びつくことは学習です。ちょうど、第三話でお話ししたパブロフの犬と同じタイプの学習です。本来関係のない刺激（音あるいは電車）と反応（唾液を出すことあるいは強い不安を感じること）が無意識のうちにつながってしまったのです。とすると、このつながりを断ち切るような方策を考えればよいことになります。

認知モデルでは不適応行動は誤った思考パターンによって生じると仮定しています。ですからいろいろと相談に応じながら、クライエントが自分から思考パターンが変えられるような工夫をします。それが認知療法と呼ばれる手法です。たとえば、会社での仕事で大きな失敗をするのではないかという考えから抜け出せず、仕事が遅くなり職場で不適応を起こしている場合を想像してください。ある認知療法ではそのような考えにとらわれることはあまり根拠がないことをクライエントに気づかせ、別の考え方も可能であることを考えさせようします。そのことによって、クライエントがほぼ自動的に陥る否定的な考えから逃れることを目指すのです。

また、不適応行動をクライエント一人の問題としてとらえるのではなく家族との関連から考えようとする療法（家族療法、あるいは対人療法）もあります。家族療法では、不適応行動を起こしている人の家族を、互いに支えあって問題に対処するような家族システムの機能がうまく働いていない状態であると仮定しています。そのような家族の中では、もっとも感受性の高い人が不適応行動を起こしやすいと考えているわけです。このような状態では、クライエント一人に心理療法を行っても仕方がないことになります。家族の構成員とも何らかの接触を行う必要があります。

もちろんそれぞれの心理療法は別々に使われるわけではなく、認知療法の考えと行動療法の考えを組み合わせたり、また薬物療法と心理療法が組み合わされたりする場合など多々あります。また、同じような不適応行動に悩む人々に集まってもらって一緒に問題解決を図ろうとする集団療法などもあります。

各療法の効果

さまざまな心理療法があることがわかりました。ではいずれのモデルがより効果的なのか、というのが次にくる当然の疑問でしょう。明白なことはまだ言えませんが、不適応行動の種類（表1）によって効果的な療法が異なるようです。あるいはまた、心理療法は本当に有効なのかという疑問をおもちの方もいらっしゃるでしょう。図2にうつ病（表1では気分障害に分類されます）に対する二種類の心理療法と薬物療法、そしてプラシーボの効果が示してあります（エァキンら、一九八六）。プラシーボとは偽薬と訳されます。本当の薬ではないけれど薬だと信じ込ませると、治ったと感じることがあるのです。白抜きの縦棒が比較的軽いうつ病を、灰色の縦棒が比較的に重いうつ病に対する効果です。縦軸は病院に通院

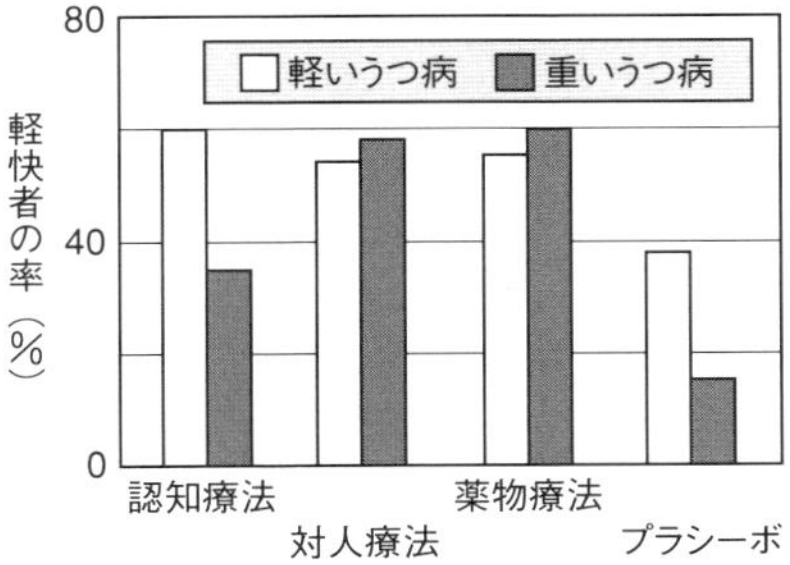

図2.　各療法の効果

した患者のうち複数の専門家によって、うつ病が軽くなったと判断された人の割合です。軽いうつ病をみてみましょう。認知療法、対人療法、薬物療法のいずれも六割前後の人が軽くなったと判断されています。プラシーボの場合でも四割弱の人が軽くなったと判断されています。プラシーボでも結構な人が軽くなったと判断されています。一般には軽快者の率がプラシーボ効果より高い場合には、その療法は効果があったと言えますから、エァキンらの研究は認知療法も対人療法もうつ病を軽快させるのに効果があることを示しています。

不適応行動の社会・文化的モデル

不適応行動をめぐるもう一つのモデルは、社会・文化的モデルです。心理学の領域からは外れますが、不適応行動を考えるときには考慮すべき問題ですので、ここで紹介します。このモデルでは、人間の不適応行動を歪んだ社会への適応ができなかった結果と考えます。つまり一人一人の人間に不適応の原因を仮定せず、人間にそのような行動をもたらす制度こそが改善されるべきだと主張します。生物・医学モデルや心理学的モデルがたとえば、「あなたは○○というこころ（あるいは脳）の病気だ」という言い方をするとき、不適応行動は個人の問題に還元されます。たとえば、父親が過労死のために亡くなったこどもがPTSD（第七話参照）を示したとしましょう。心理学的モデルではそのこどもがなるべく早くPTSDから立ち直れるような対策を講じるでしょう。しかし一方で、過労死を引き起こした社会制度的な問題は残ったままです。当然のことながら、最初に解決すべき問題は社会制度であるという主張が出てきます。ある意味では不適応行動を「こころの問題」としたことが、本来考えなければならない問題から目をそらしたことにもなります（小沢、二〇〇二）。

不適応行動研究の今後

私は社会・文化的モデルの生物・医学的モデル、心理学的モデルへの批判は傾聴に値すると考えています。ただし、両者の主張は矛盾するものではありません。専門性がなければ解決が難しい不適応行動もありますし、社会制度の問題から生じる不適応行動もあります。いずれのモデルも部分的には妥当性があるということです。現在のところ、不適応行動はこの療法ですべて解決というような状態ではありません。たとえば、図2に示された、うつ病の軽快率を見ても六割が最大です。十分でしょうか。また、少なくとも私が調べた限り、心理療法を受けた後、不登校（表1においては、通常、幼児期、小児期、または青年期に初めて診断される障害に分類されます）の何割が学校へ行くようになるのかの統計が見つかりません。家族療法が有効であるという記述はよく見かけますけれども、どの程度有効かについてはまだよくわからないところも多いのです。今後の不適応行動研究は、表1に分類されたような種類別に、いずれのモデルが最適な療法をもたらすかに関して地道な研究が続いていくだろうと思います。

第七話　ストレスを和らげるよい方法がありますか。

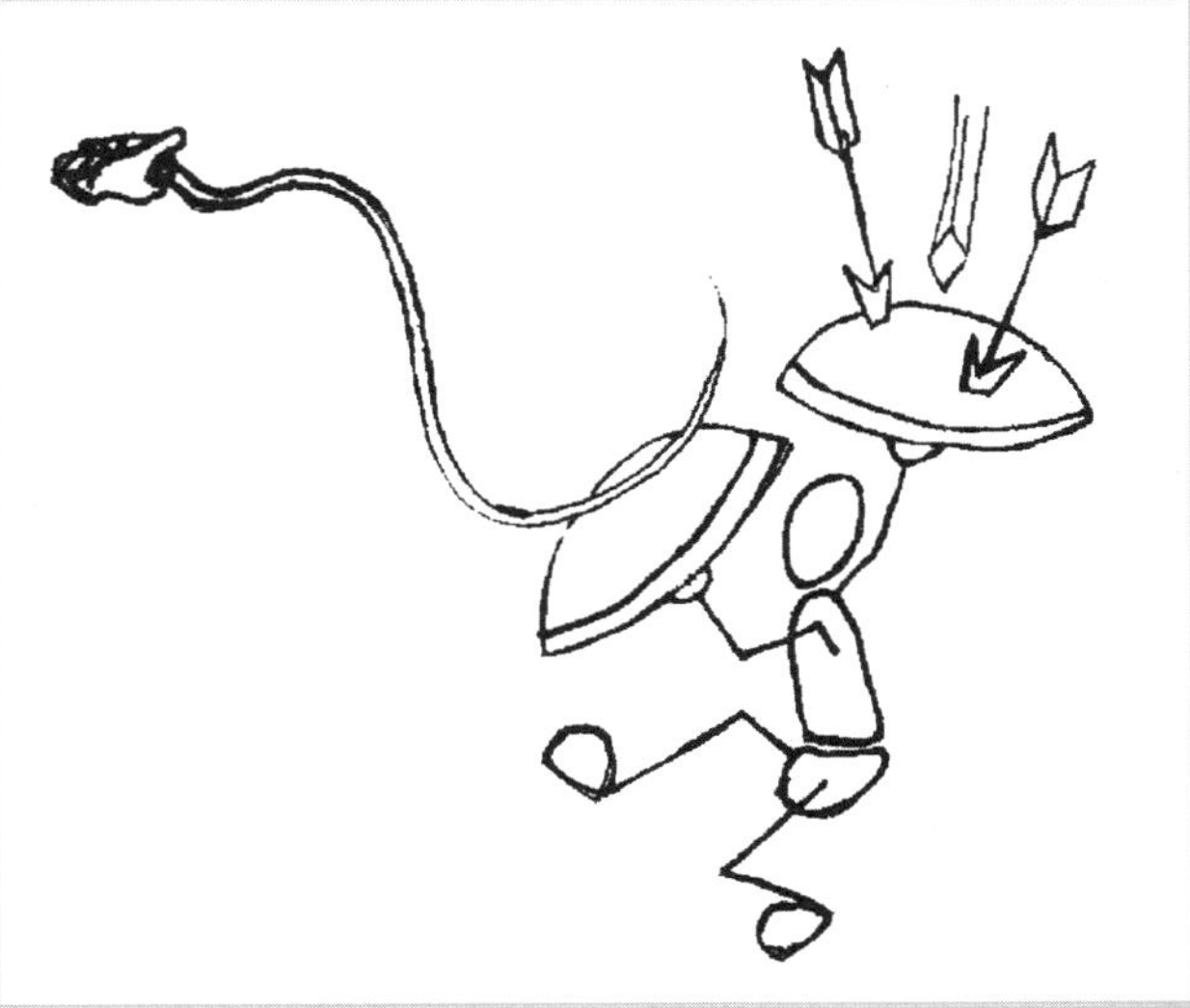

大きな盾があればいいですね。
それを使う腕力も必要そうだ…

ストレスとは

心理学というとストレスを連想する人も多いかとは思いますが、実は心理学の歴史のなかでストレス研究は比較的最近（一九七〇年代以降）さかんになってきたものです。もっとも、お医者さんが、痛み、高血圧、心臓病、胃腸の病気などがストレスと関係していることを盛んに研究しだしたのはそれ以前です（一九三〇年代以降）。ストレスが問題になったのは、食事、喫煙、飲酒などの生活習慣が原因となって病気をしたり死亡したりする人が増えたことが一つの原因です。かつては、細菌とかウイルスとか単一の原因で死ぬ人が多かったのですが、最近は生活習慣病と呼ばれる病気（たとえば糖尿病、高血圧、高脂血症、脳卒中など）が原因となって亡くなる方が増えているのです。ストレスを感じると健康によくない生活習慣（喫煙、飲酒、過食など）を送るようになりがちで、免疫力も落ち病気にかかりやすくなる。そこでストレスを和らげ健康な生活を送って長生きしてもらおう、ということになったわけです。健康になれば医者に行く回数も減るでしょうから、医療費も浮き、経済的な損失が少なくて済む、という側面もあります。個人にも、そしてもちろん国家にも……。

ストレスをどう考えるかはいろんな考え方がありますが、ここではラザルスの理論にもとづいて説明します。彼の理論によればストレスは大雑把に言うと、図1に示したように三つの過程からなっています。人にストレス反応を引き起こしうる環境（ストレス事態）が生じ、それをストレスと認める（認知的評価）過程（ストレスと認められたストレス事態をストレッサーと呼びます）、そしてストレッサーに対してなるべくストレス反応を減じるように対処（コーピング）する過程、さらに引き金になって生じる生理的、あるいは心理的反応です。

このような過程の中で、特に心理学に関係があるのはストレス対処のところでしょう。というのは、もし「ストレスである」という判断が主観的に変えられるとしたら、同じストレス事態にさらされても対処することができるからです。ということは、ストレス対処法について説明すれば、冒頭の質問に答えたことになります。でもその前にストレス事態とかストレス反応とかについても少し述べておきたいと思います。ストレス対処法の意味がより深く理解いただけると思うからです。

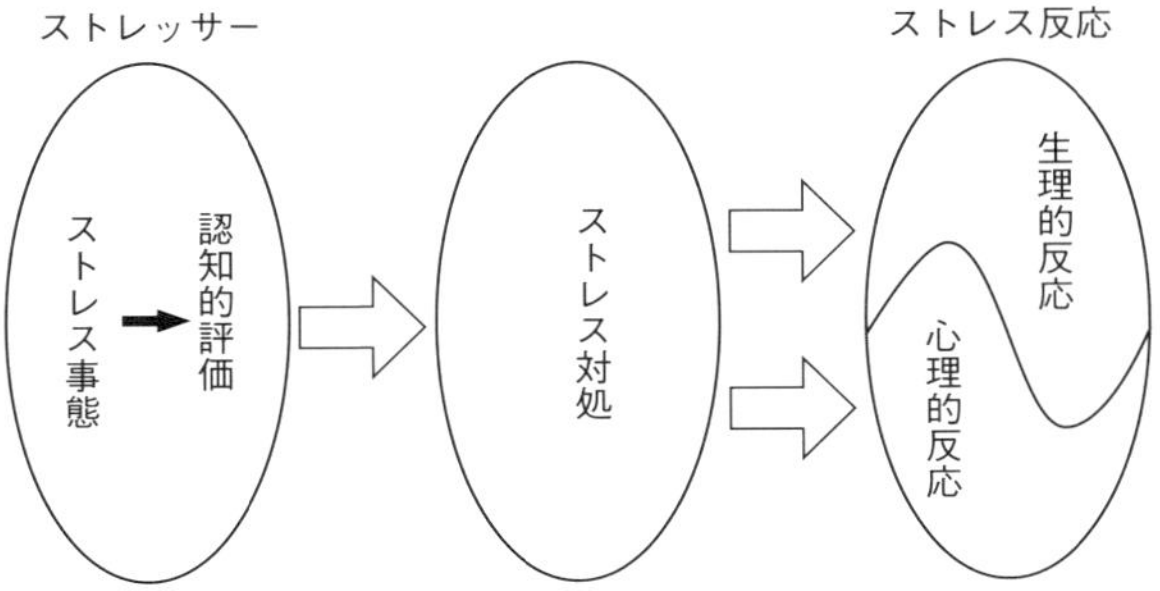

図1.　ラザルスのモデル

多種多様なストレス事態

人間にストレス反応を引き起こすストレス事態は多種多様です。たとえば、家族とのいさかい、仕事に対する不満、長時間の通勤時間、慢性の病気など日常的で比較的長く続く事態がありますし、友人や家族の死、事故による怪我、天変地異、戦争など突然生じる事態もあります。いずれにせよ、ストレス事態の最大の特徴は、自分でその事態を制御できないことです。第二話でお話したように、自分が何をしても事態が解決できない（と思い込んでしまう）ような状況になると、

表1．ストレス度（夏目ら，1999より）

順位	主婦	衝撃度	勤労者	衝撃度
1	配偶者の死	83	配偶者の死	83
2	離婚	75	会社の倒産	74
3	夫の会社の倒産	74	家族の死	73
4	子供の家庭内暴力	73	離婚	72
5	夫の浮気	71	夫婦の別居	67
6	別居	70	会社を変わる	64
7	自分の病気や怪我	69	自分の病気や怪我	62
8	親族の死	69	多忙による心身の過労	62
9	嫁・姑の葛藤	67	300万円以上の借金	61
10	夫のギャンブル	66	仕事上のミス	61

多くの人は自分の行動が何らかの積極的な意味を感じなくなり、絶望感に陥りやすいのです。

ストレス事態に関する研究としては、ホルムズとレイ（一九六七）によってなされたものが有名です。彼らは多くの人々に対してインタビューをし、彼らがストレスと感じる事態と彼らの病歴などを調べました。その結果、ホルムズとレイは四三種類のストレス事態を取り上げ、社会的再適応評定尺度を作成しました。人間は生活に変化が生じたとき、新しい環境に再適応しなければなりません。その再適応の過程がストレスを生じさせるのです。ホルムズとレイは、ストレス事態の種類によってストレスを生む衝撃度が違うと考えました。彼らによれば、配偶者の死は一〇〇のストレス度、結婚は五〇のストレス度、小さな法律違反が一一のストレス度となっています。彼らはこのストレス度の合計が一定の値を超えると病気を引き起こすと主張しています。彼らの評定尺度がどれほど正確にストレスを測ることができ、病気を予測できるかについては異論もありますが、彼らの研究はストレス事態に関するパイオニア的研究です。日本でもストレス度に関する研究は進められています。表1に、勤労者のストレス度と主婦のストレス度ワースト一〇を乗せています。表を見ると、勤労者と主婦では同じようなストレス事態が大きな衝撃を与えていますが、主婦独特のストレス事態、勤労者独得のストレス事態があることもわかります。所属する集団が違うと同じ事態に対しても感じるストレス度は違うようです。

認知的評価

このように同じ事態にさらされても、誰でも同じようなストレス反応をするわけではありません。そのことは皆さんも経験済みだと思います。ここでは同じ事態に対しても事態の「評価」が違えばストレス反応が異なることを調べたラザルスら（一九六五）の研究を紹介しましょう。彼は「工場内の安全についての映画」を三群の被験者に見せました。このとき、各被験者の皮膚電気反応を測定したのです。人はストレスを感じると発汗しやすくなりそのため皮膚の上を電気が流れやすくなります。映画のなかでは不注意から指が機械に噛まれて切れてしまったりするような場面が描かれています。三群の被験者のうち、第一群には「この映画は本物の映画ではなく俳優がやっています」、第二群には「この映画は安全キャンペーン用のものです。映画のできを評価してください」という説明を行います。第三群には特別の説明を行いません。このような説明の後、映画を見せると、第一群と第二群に比べて第三群が高い皮膚電気反応を示しました。「映画は本物ではない」とか「映画を評価してくれ」とか言われると何も説明がない場合に比べてストレス反応が少なかったのです。このことは同じ事態が生じても、その事態をどう考えるかの判断（あるいは認知）がストレスを感じる度合いに影響することを示しています。ですから、ストレス事態があっても考え方によってはストレス反応を和らげることが可能だということになります。

人格とストレス

先日（二〇〇五年八月）、東北地方で地震があり新幹線が止まったおり、数時間列車の中に閉じ込められた人にテレビのニュースキャスターがインタビューしておりました。ほとんどの人が「消耗して、もううんざり。疲れた」と言うような否定的な反応を示していましたが、一人だけ「自分の人生の中でこんな経験は初めてだった。いい経験になった」という肯定的な反応をしていました。このように考える人は確かにストレスが少なそうです。このようにストレスに耐性のある人々の特徴は、楽観的にものごとを考えること、ストレス事態を自分の脅威としてではなく自分の可能性を広げるもの、自分の能力を高めるものというふうに考える、自分の運命は自分の行動によって切り開くことができると考えるといった特徴があります。彼らの特徴はストレス評価の仕方でストレス反応が違うことの証明にもなりますし、ストレス反応を減らすための参考にもなります。「私はこのように考えて不幸を乗り越えた」とかいうことを売りにする本がありますが、耐性のある人々には共通の世界観があるようです。この世界観を自分のものにする方法が明確にできれば、ストレス対処法として使えるでしょう。

ストレスに強い人とは別に、ストレスに特徴的な反応を示す人々も知られています。タイプAと呼ばれる人々です。彼らは非常に高い達成感（何かやり遂げたいという気持ち）をもち、競争心が強く、短気であり、二つのことを同時にする、大声で話す、猥褻な話を好む、などなどの特徴があります。このようなタイプAの人々はそうでない人々に比べて冠状動脈性心臓病にかかりやすいことが知られています。最近の研究は、タイプAの行動特性のうち、特に他者に対する敵意の高さが心臓病のかかりやすさに影響していることを示しています。同じストレス事態（たとえば、自分の部下が仕事で失敗したとき）であっても、彼らは敵意を示しやすく、そのために彼らの血圧は高くなりやすいし、心臓の鼓動も早くなりやすい。結果として心臓に負担がかかり心臓病になりやすいと考えられています。

ストレス反応——生理的反応

ストレスにさらされたときの生理的反応はさきほど述べたような、血圧の上昇とか心臓の高鳴りといったものばかりではなく多種多様です。発汗、頭痛、便秘、下痢、唇の乾き、過度の頻尿、歯ぎしり、呼吸困難、腰痛、吐き気などです。ここでは生理的反応の細かいメカニズムについては述べませんけれども、ストレスは、自律神経系（意識的な支配ができない内臓などのような器官をコントロールする神経系）のバランスに影響したり、免疫系（侵入してきた細菌やウイルスなどに対抗するためシステム）に影響したり、内分泌系（ホルモンの分泌をコントロールするシステム）に影響したりすることで生理的反応を引き起こすと考えられています。

ストレス反応——心理的反応

ここでは免疫系に対するストレスの影響についての研究を一つ紹介しましょう。ライリィ（一九八一）は、癌細胞を移植した二群のラットの一方をストレスにさらし、もう一方にはさらさずに、移植後の悪性腫瘍の大きさを測定しました。ラットのストレス事態は、回転するテーブルの上で、一時間ごとに一〇分間走ることを三日連続で行うことでした。その結果、図2の黒丸が示すようにストレスにさらされたラットの腫瘍は日が経つとともに大きくなっています。一方、腫瘍は移植されたけれども、ストレスにさらされていないラットの腫瘍の大きさは比較的一定です。ライリィはこの実験に先立ち、ラットのリンパ球の数を測定しました（リンパ球とは、免疫系において重要な役割を務める細胞です）。測定の結果、ストレス群では走る回数が増すごとに減りました。これらの結果は、ストレスによりリンパ球の数が減り、そのために細菌などに抵抗する体の抵抗力が低下し、癌細胞の増殖を抑制することができなかったと解釈されています。この研究はストレス反応を制御できれば病気を改善できる可能性を示しています。

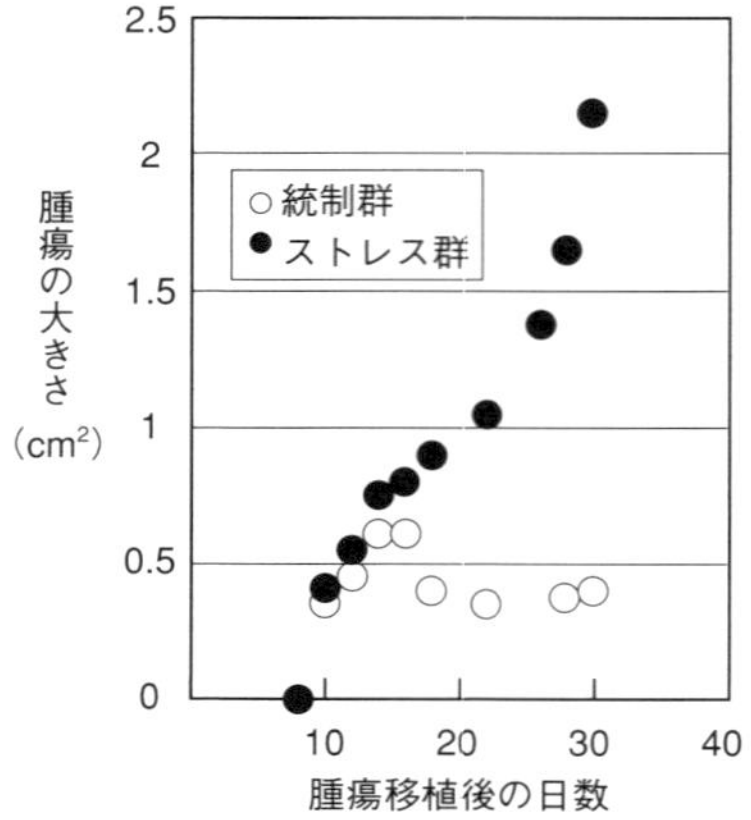

図2. ストレスが腫瘍の大きさに与える影響

ストレスに対する心理的反応もいろいろです。不安、いらいら、怒り、抑うつ、罪悪感などです。また、自分を必要以上につまらない存在だと感じたりすることもあります。さきほど述べた無気力感もこれに含まれます。第二話でお話したように制御できないストレス事態にさらされるとストレス事態が解決可能だとしても行動を起こさない場合があります（学習性無気力症）。この考えは、配偶者や恋人などから暴力を受けている人のなかに、暴力から逃げ出すチャンスがあったとしても積極的に逃げ出だそうとしない人がいるということを説明できます（説明できるだけですけど……）。

心理的ストレス反応でよく耳にするのはＰＴＳＤ（post-traumatic stress disorder：心的外傷後ストレス障害）です。ＰＴＳＤは比較的最近（一九八〇年代）に不適応行動の診断基準として採用され、心理学の教科書にも載るようになりました。ＰＴＳＤとは非常に強いストレス事態（自然災害で財産や家族を失う、戦争で人を殺す、あるいは友人が殺される、レイプの被害者となるなど）にさらされた場合に生じうる反応です。そのような事態にさらされる場合、事態が終わってもそのことを悪夢として何回も思い出したり、時折ひどく落ち込んで身の回りの物に反応しなくなったりします。また、光や音などが引き金になりあたかもストレス事態の中にいるかのような感覚を生んだりするような症状が報告されています。

ストレス対処法

ストレス事態が生じたとき、あるいはストレス反応が生じたときの対処法はいろいろあります。さきほど述べたように、ストレス反応の一つは自律神経系、免疫系、内分泌系の不調でした。この不調を調整するのには薬物による方法がありますが、心理学の対象外ですのでここでは述べません。また、心理療法もストレス対処法の一つですが、第六話で触れましたので、ここではそれ以外の対処法について説明します。ストレス対処法は、予測されるストレス事態に対応する方法、生じた事態の認知を変える方法、生じた心理的反応をコントロールする方法、生じた生理的反応をコントロールする方法に大別できるでしょう。

予測して対処する

あらかじめストレス事態が生じることがわかっていれば予測して行動できます。たとえば、大学入試や会議、何かの発表を考えてみましょう。これらの事態は多くの場合、ストレスを引き起こす事態です。しかし、予測できる事態ですから、きちんと準備をすればストレスに対処できます。一般的に言うと、①予測される事態に関する情報の収集をする、②この事態をうまく乗り切るために自分がとるべき行動を考え、練習し視覚化する、③自分がうまく事態を乗り切っているという考えに自分でもっていく。たとえば、ある会合で発表をする必要があるとしましょう。当然、準備をしなくてはいけません。準備にどれぐらいの時間がかかるかを考えます。自分の能力とか性格も考慮に入れます。準備がうまくやっている自分の姿をイメージします。うまくいくまで練習します。練習しながら本番でうまくいけば、次は発表の練習です。うまくやっている自分を褒めてあげましょう。「やっぱりやればできるんだ！」。そして実際に発表がうまくいけば、これが自己強化になって同じような種類の発表には自信がもてるようになる。その自信がストレス反応を和らげるでしょう。

事態の認知を変えて対処する

認知的評価の項、人格とストレスの項でも述べましたし、第六話の認知療法の項でも述べましたが、生じた事態をどのように考えるかによってストレス反応が違います。ですから、生じた事態をストレス反応が減じる方向に考えることができればストレス対処法になります。

「こうすればストレスを乗り越えられる」といった類の本にも、事態の認知を変えなさいという主張は多々見られます。たとえば「生きているだけでもありがたい」、「痛みがあるのは生きている証拠だ」、「いろいろあるけど、自分はまあ結構がんばっている」などと思うことが、ストレス反応を和らげる効果があるのです。人格とストレスの項でできたようなストレスに耐性のある人が示す態度もこの方法と似ています。多くの研究もまた、楽観的な人は悲観的な人に比べて病気にかかりにくいことを示しています。

認知を変える一つの方法は防衛機制を適用することです。防衛機制はフロイトが提案した考えで、人間は自分（自我）を守るために、（無意識のうちに）生じた事態にいろいろな解釈を加える機制（メカニズム）をもっているというものです。たとえばさきほどのラザルスの実験での第二群への教示「評価してください」は、ストレス事態をなるべく客観的に考える「知性化」と呼ばれる機構の応用と考えられます。ストレス事態に正面から立ち向かうというより、少し斜めからストレス事態にさらされている自分を眺めてみる方法です。また、自己嫌悪を引き起こすようなことがあったときなど、いつまでもそのことに悩んでいるのは辛いものです。悩むことで何らかの解決になれば、悩むことも意味がありますが、解決にならないのであればなるべく早く忘れましょう。この方法は「抑圧」と呼ばれる機構の応用です。実は多くの人は中学校の保健体育とか高校の倫理社会で、防衛機制についてすでに教わっています。教科書を少し読み返してみたら対処法のヒントがあるかもしれません。

心理的反応をコントロールして対処する

もう一つの対処法は、ストレスによって生じた悲しい気持ちや不快な気持ちなどの心理的反応をコントロールするものです。友人に話をするというのはこの方法の一つです。自分の周囲（社会）に自分を支えてくれる人々がいれば彼らとコミュニケーションをとることで気

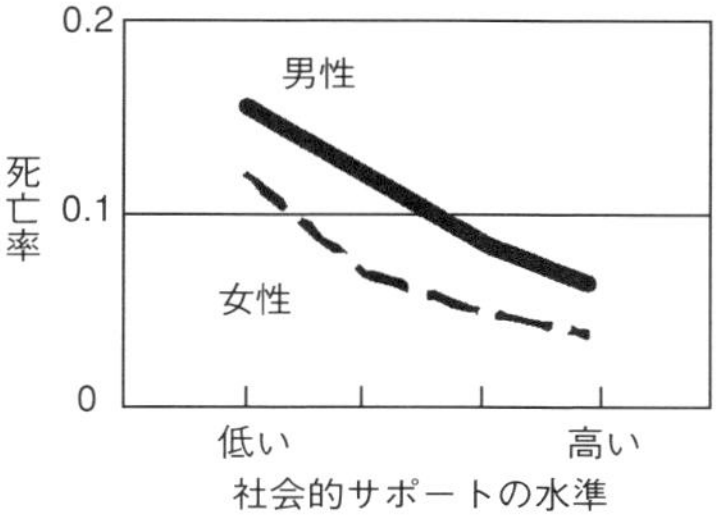

配偶者を失くした後の社会的サポートが高いと死亡率が低くなる（ハウス、1988より）

分を落ち着かせ、ストレス反応に対処できるのです。たとえば、ハウスら（一九八八）の報告によれば、配偶者の死を経験した人々のうち、社会的なサポートを受けている（周囲に友人が多く、公的機関などからの支援も厚い）人々の死亡率は、そうでない人に比べて低くなります。多種多様なストレス事態の項で述べたように配偶者の死はとても強いストレスを引き起こすことが知られています。さらに、配偶者を失った場合、男性の方が女性に比べて死亡する率が高いことも報告されています。ハウスらの報告は、配偶者を失うという強いストレスにさらされた人々においてさえ、友人の存在はストレス耐性を高め、死亡率さえも低くすることを示唆しています。また、友人と話をする以外でも、たとえば自分の気持ちを日記に書くとか、同じような悩みをもつ人たちの集まりに参加するなどの方法（第六話参照）が有効な対処法と考えられています。自分の感情を表に出す機会を作ると、ストレス反応を和らげることができるのです。

生理的反応をコントロールして対処する

ストレス対処法のうち生理的ストレス反応に眼を向けた方法もあります。いわゆる「精神を鎮める」方法と運動療法です。精神を鎮める方法には、バイオフィードバック法、自立訓練法、筋弛緩法などです。これらの方法は基本的には、さまざまな筋肉をリラックスさせることで興奮状態にある生理状態を鎮めようとします。これらの方法に関してはたくさんの本が出ていますので、詳しくはそちらを見てください。運動療法というのはいわゆる有酸素運動（水泳、ジョギング、サイクリングなど）を行うことです。同じようなストレス事態に対して、運動療法を行った人は行っていない人よりも心拍数や血圧が低いことが知られています。また、より病気にかかりにくいことも知られています。運動がストレスに対抗しうることが示されて以来、心理学においてもスポーツとストレスの関係について調べる研究が始まりました。

いろんなストレス対処法がありますが……

いろいろな対処法を議論してきましたが、これらの方法は比較的日常的におこるストレスに対する対処法です。このような対処法ではうまく制御できないようなストレス事態にさらされたり、不適応（第六話参照）と思われる症状にであったら、やはり専門家に相談するのがよいと思います。ただし、専門家といってもいろいろな人がいます。私自身は専門家ではなく、専門家との強い人的ネットワークをもっておりません。それでも私に相談がある場合があります。そのときはネットワークをもった友人に相談し、多くの場合、私は公的な機関に相談することをアドバイスしています。各都道府県には精神衛生センターや精神福祉保健センターなどの専門機関があります。公的機関ならばとんでもない専門家を紹介することは少ないだろうと考えているからです。

第八話　心理学ではカウンセリング以外に
どんなことを研究しているのですか。

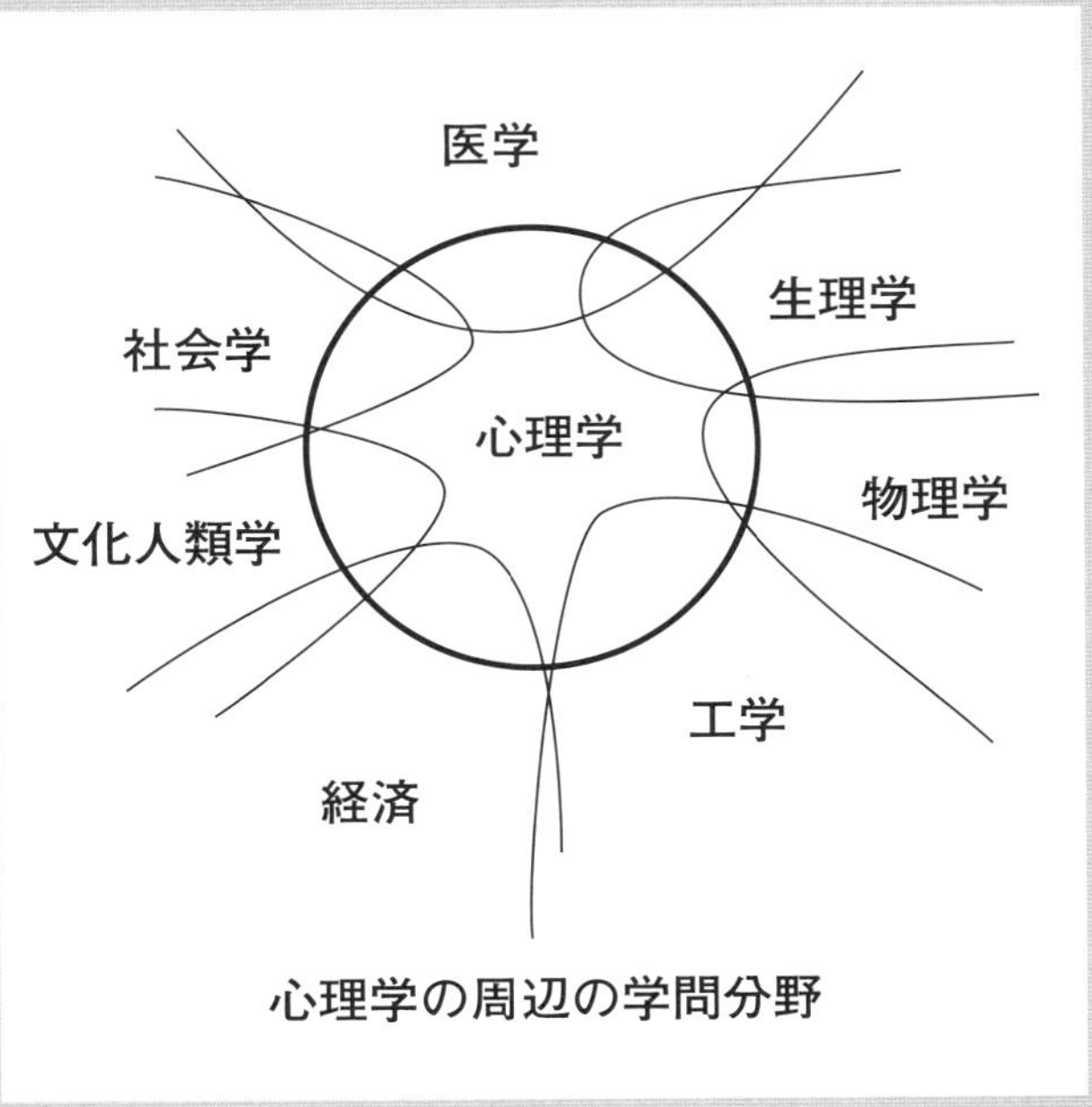

結構手広くやっております

いろいろな心理学

カウンセリングも心理学という学問分野の一つですが、それが心理学のすべてというわけではありません。カウンセリングは大雑把に言って二〇ぐらいに分かれている心理学の研究分野の一つというふうに考えていただければよいと思います。ということは他に多くの心理学の分野があるということになります。表1にあるのが、欧米で使われている心理学概論の教科書から取った目次の一部です。目次には、大学などで心理学を受講している人が、最初に学習する項目が並んでいます。実にさまざまな研究分野があるのがわかります。

どんな分野があるかを説明する前に、ちょっとだけ、心理学の歴史について考えてみます。日本では、他のほとんどの学問と同じで、「サイコロジー」(心理学)も明治になってから輸入されたものです。「サイコ」の本来の意味は「精神」「こころ」、「ロジー」は「ロゴス」「学問」で、心理学となったようです。

ブントの肖像

意識・無意識・行動

心理学史においては一般に、一九世紀後半が科学的心理学の始まりだと考えられています。特に、一八七九年にドイツの生理学者・哲学者のブント(一八三二-一九二〇)がライプチ

表1．心理学概論書の目次例

- 心理学の生理学的基礎
- 感覚と知覚
- 意識
- 学習と条件づけ
- 記憶
- 言語と思考
- 動機づけ
- 感情
- 個人差：知能と人格
- 社会的影響と社会認知
- ストレスと健康
- 心理学的症状とその治療法
- 心理学測定法

（*Atkinson & Hilgard's Introduction to Psychology*, 14th ed., 2003. より）

ッヒ大学に最初の心理学研究室を作ったことが重要視されています。ですから、明治時代に輸入された時、心理学はできたてほやほやの学問分野でした。輸入された学問の中でも地理学、天文学、哲学、数学などは二〇〇〇年以上もさかのぼりますから、それらに比べると、今でも十分に「新しい」学問と言えます。

もっとも、ブント以前から心理学を生み出すことになる学問はありました。たとえば、心理学の研究分野の中では、まず、感覚・知覚についての心理学が、哲学、感覚生理学、応用物理学（眼光学）などから生まれています。心理学が誕生するころ哲学の問題の一つに、「そもそも人間はいったいなぜ、たとえば鉛筆が存在することがわかるのか、認識できるのか、あるいは見えるのか」という問題がありました（今でも問題だと哲学者は言うでしょう）。

「私たちはなぜこれを鉛筆とわかるのか」について考えるようになると、目に入ってきた光が電気信号に変わって脳まで行って……と神経生理学のことを考えるようになりました。見え方のことを考えようとすると、レンズや網膜の話を知っていたほうが良さそうです。音のことをやろうとすれば音声学や音の伝播などの知識が必要でしょう。音や光の物理的な特性も知る必要があります。光をどこで捕まえ、どのように色に変換しているのか、そのようなことを考えているうちに、人間のことをちゃんと研究する必要があると考えた人々がいて、彼らが心理学という言葉を使うようになった、という

ワトソンの肖像

のが私の理解です。どうして色が見えるのか、どうして音が聞こえるのかなど考えているうちに、人間の「意識」（見え方とか聞こえ方など）を分析しなければいけないと考えたわけです。このとき、心理学の研究対象は（つまり、心の定義は）意識である、という主張がなされました。

そのうち二〇世紀の初頭に、「意識？　そんなものは、見えないよ（観察できないよ）」という主張が学習心理学者であるワトソン（一八七八－一九五八）からなされました。彼の主張は、たとえば「皆には見えなくても俺には見える。俺には見える！」ということでは学問としては成立しないのではないか、ということです。自分に見えるだけではなく、誰でも観察できること（行動）を使って考えようよ、と主張したわけです。極端にいうと一人の人が見えると言ったとき、彼が嘘をついているのか、本当に見えているのかがわからないからです。ワトソンによれば、心理学の研究対象、つまり心の定義は「観察可能な行動」ということになります。

彼の主張する心理学は一時期心理学の中心的な考え方になりましたが、基本的に動物を使った実験結果にもとづいて議論することが多く、だんだんちょっと違うな……ということになりました。私たち（人間）はもっと複雑なような気がする。私たちの行動は確かに、刺激に依存するかもしれないけど、同じ刺激でも、自分の状態（機嫌がよかったり、悲しい気分だったり）によっては違う行動はするし……。自分たちの内部の状態も考えに入れたほうが、より人の行動を説明できるのではないかという考え方が出てきたのです。私は、この考え方が心理学の主な研究分野の共通の考え方だと思っています。この考え方を一歩進めて、「人の行動を決定するのは、脳というハードウエア（機械）を走っているこころというソフトウエア（プログラム）である」という考え方もあります。このプログラムそのものを見つけ出すのが心理学だという主張です。認知心理学と呼ばれる分野がその代表です。人間がものを認知する（ものがどこにあって、何であるかを知る）のにどのようなプログラムが脳内を走っているのかを研究しています。

「あれ、どこにカウンセリングがあるの?」と思われた方もいると思いますが、今までの話は実験心理学（主に実験を行って研究を行う心理学）の流れです。カウンセリングが心理学で扱われるようになったのは、やはりフロイトによるところが大きいでしょう。医者であったフロイトは、精神病とか神経症といわれる人々の観察を通じて、「人間の行動は無意識に支配されている」と主張しました。というのは、彼らが、催眠状態にされたときの言動を記憶していないことがあったからです。この観察からフロイトは、「無意識（の欲望）」が、記憶（あるいは意識）を伴わない行動を引き起こしていると考えたのです（第二話参照）。私なりに解釈すれば、「人間の行動は無意識の関数である」ということでしょうか。彼の理論はインパクトがあり、いまでも熱心なファンがいます。ただし、彼の考えを多くの心理学者がそのまま受け入れているわけではありません（第六話参照）。

科学的・心的過程

このように過去にいろいろな考え方はありましたが、現在のところ一般的には「心理学とは、行動と心的過程について科学的に研究する学問」と考えられています。ちょっとややこしいですが、行動、心的過程、科学的という三つの単語に注意を払ってください。このうち、「科学的とは何か」とか「どうして科学的でなければならないのか」ということは第九話でお話ししますが、ここではとりあえず、科学的とは、物理学、化学、生物学などを研究するときの考え方、方法と考えておいてください。

行動と言いますのは、さきに述べたように、何か起こったときに人間が示す反応のことです。人間について考えるとき、人間が何か行動を起こしてくれないと、彼らは何を考えているのかを推定できません。たとえば、私の内部に、何かが起こったとしましょう。そのとき、私がまったくの反応をしない、ことばにも出さないし、表情にも出ないし、生理的な反応(心拍数、皮膚電気反応、脳波など)にも変化がないとしましょう。反応を示してくれないと、私の「こころの状態」を推しはかれません。もちろん、勝手な憶測をすることはできます。きっと、何も反応できないくらい悲しいのだろうとか、怒っているけれどもそれをコントロールしているのだろうとか。でも一応、心理「学」である以上、勝手な憶測は控えるべきでしょう。ですから、もし刺激に対して反応が得られないということは研究することができない、ということになります。心理学においては、何にもまして、観察可能な行動を測定

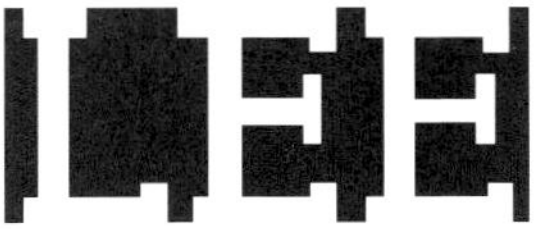

図1. 何に見えますか

することが大切なことなのです。つまり基本的に心理学が扱うのは記録でき、測定できる行動や活動です。あるいは記録されたもの（日記とか報告など）も研究の対象になり得ます。

心的過程と言いますのは、観察した結果、頭の中で起こっているだろうと推論したさまざまなことです。思考、記憶、感情、動機、夢、知覚、信念などのことです。たとえば、図1を見てください。何に見えますか。よくわからないときは、黒の背景に白い文字が書かれていると思って見てください。英文字でLEEと書かれているように見えませんか。図1のような刺激が与えられてLEEとわかるには、眼に映った像を頭の中で「分析」しているはずですね。心理学ではこの分析の過程を研究するためにいろいろな方法が開発されています。

それでは、「心理学では、私の悩みを解決してはくれないの？」などの声が聞こえそうですが、それらはこの心的過程に関する研究に含まれるでしょう。心的過程の不調、不適応に関する研究です。たとえば、対人関係の研究が進み、どのような心的過程を経て対人関係が結ばれるかがわかれば、対人関係の不適応に悩んでいる人の手助けができるようになるでしょう。

心理学の研究分野

こうしてみると、テレビで見かける「心理学」と、アカデミックな（大学や研究所で研究されている）心理学はちょっと違うことがわかります。結局、心理学は、いろいろあるけど、こころに関する理学（物理学、化学、生物学など）と考えていただくのがいいかなあと思います。

ここで、表1に返り、各分野の研究について簡単に触れておきたいと思います。最初に心理学を学ぶ人が学習する（しているはず）の項目は「心理学の生理学的基礎」です。特に人間の脳に関する生理学です。最近、頭を開いたりすることなく脳の活動を測れる装置が発達したこともあり、脳科学が著しく発達しました。人間の行動を支配するのは脳でしょうから、心理学を学ぶ人は生理学の簡単な知識を知っておくほうがよいだろうということです。

次の、「感覚・知覚」とは一言で言えば五感のことです。見る、聞く、嗅ぐ、味わう、触わるなどの感覚です。他にも平衡（バランス）感覚などがあります。心理学が人間の五感を扱うのは不思議かもしれませんが、色を感じたり、文字を読んだりすることは、人間の行動ですから、心理学の対象となるのです。

第二話でお話したように、人は眼に映ったすべて画像、耳がとらえたすべての音に気がつくわけではありません。どのようなときに意識されるのか、そもそも意識するとはどういったことなのかなどが「意識」について学ぶときのテーマになります。注意、夢、催眠といったことも含まれます。

「学習と条件づけ」「記憶」に関する研究の例はいくつか話しました。けれども、それは研究の一部にすぎません。学習や記憶に関しては、先ほど述べた認知心理学的な観点からさかんに研究が行われています。「言語と思考」は、この本では扱っていませんが、どんなことを研究しているのか、だいたい想像ができると思います。言語の分野ではことばを理解する心的過程に関する、また、その発達のメカニズムなどについて研究が進んでいます。思考の分野では、人間の問題解決過程などの研究が進んでいます（問題を解くためには一般には言語を使って考えなければいけませんので、思考と言語は同じような分野になります）。

「動機づけ」というのは、人間の行動を、人間の内部にある欲望のようなもの（動因と言います）と、外部にあって人の行動を引き出すもの（目標とか餌とかいったものです。誘因と言います）の相互作用で説明しようとするものです。いろんなレベルの動機づけを学びますが、一般的には、食欲、飲水など、人間の命を保つための行動の説明が中心です。生理学的な知識もちろん、社会的な行動の動機づけについても学びます。

「感情」という項目では、怒りとか悲しみを引き起こす刺激の特徴について学びます。人間は体の内部である生理的変化が起こったときに感情が変化する場合もあれば、外界で実際に生じたことが引き金になってある感情を引き起こすこともあります。どのようなことがどのような条件で感情を引き起こすのかについて学ぶわけです。最近は、顔の表情を読み取る過程なども研究の対象になっています。

ところが、同じような生理的状態で、同じような外界の事件に出会ってもどの人も同じような感情を示すわけではありません。ちょっとしたことで攻撃的になる人もいれば、我慢強い人もいます。これが「人格の個人差」です。人格についてもいくつかの説があり、それぞれの説にもとづいて、人格（性格）を測るテスト（人格テスト）があります。テストもいい

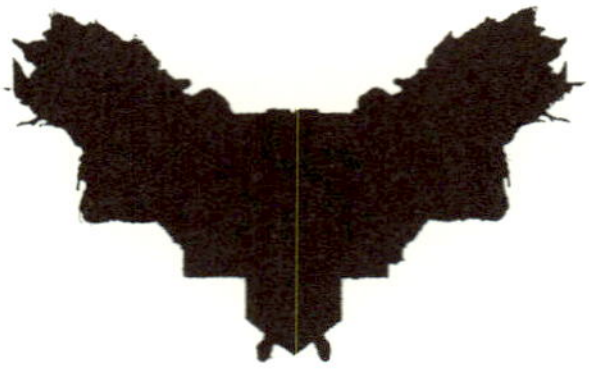

図2. 図版の例

加減では困りますので、ちゃんとしたテストを作るための研究が続いています。ちょっと驚くのは、比較的よく使われているテストでも議論があって、たとえば、有名なロールシャッハテストについてもその妥当性に疑問が投げかけられています。ロールシャッハテストでは、紙にインクを垂らして折りたたみ、再び開いたときにできるような絵を使います。絵を見せて何に見えるかを聞き、その反応で人の内面を推定するのです（ロールシャッハテストで使われている図ではありませんが、図2にその例を挙げています）。

「知能の個人差」についてあまり説明する必要はないかもしれません。知能には個人差があるようだということは誰もが何となく日常感じているからです。その個人差を決定する要因が遺伝的なものなのか、環境要因に依存するかが大きな学問的テーマです。でも、知能とは何なのかは、実はまだはっきりしていません（はっきりしていないのに知能テストがあるというのはちょっと変なのですが……。この件に深入りするのは避けましょう）。いろんな環境でもうまく生きて生けるような特定の能力があるのか、数学とか言語とか芸術とか、特化した能力があるのかどうか、よくわかっていないのです。いくつかの説があります。当然のことながら、こうすれば知能が高くなるといった明白な方法もわかっていません。ただし、知能テストの点数には何らかの環境要因が影響することは比較的はっきりしています。たとえば、フリン（一九八七）はいわゆる先進国など一四カ国（日本も入ります）の研究者からいろいろな知能テストに関するデータを集めました。分析の結果、フリンは一九三〇年代から一九八〇年代にかけて、多くの国で知能テストの平均値が上昇していることを発見しました。短期間での知能テストの点数の上昇は遺伝的な要因では説明することが難しいので（たった数十年間で人間の知能が高くなるとは考えにくいので）、何らかの環境要因が影響していると考えられています（最近「学力低下」とか何とか言われている世代の方々、心配はご無用です。少なくとも知能テストの点数は先の世代より高いのですから。「点数が高いからどうなんだ」と言われると困りますが、少なくとも先の世代の世迷言に惑わされる必要はありません）。

さてここまでは、人間一人一人の行動に着目して、その行動を決めている要因について書いてきました。ところが、人間の行動は、一人のときと集団の中にいるときでは違います。人は他者の行動に「社会的影響」を受けやすく、場合によってはきわめて残酷な行動もとるし、大変自己犠牲的な行動もとります。恋愛行動や結婚なども社会的行動の一つです。どのような要因がそのような行動を促進するのでしょうか。研究が続いています。「社会認知」の研究は、他人に対してどのようなときに、好意をもつか、敵意をもつか、あるいは仲良くなるか、などについて研究しています。これらは、社会心理学と呼ばれる分野になります。

さらに、心理学ではここ二、三〇年ですが、健康心理学と呼ばれる心理学が始まりました。従来、体の病気だと思われていたものが、同時に精神的な、心の病気だとわかってきたからです。そのような病気を引き起こすものが「ストレス」です。ストレスに対する反応には、生理的なものもありますが、精神的なものもあります。ストレスを引き起こすような事態が起こったとしても、精神の状態をうまくコントロールできれば対処できる場合があるので、その方法を研究しています（第七話参照）。また、人間は、普通では信じられない行動をとる場合があります（普通というのを明白に定義するのは、異常を定義するのと同じぐらい厄介な問題ですけれど）。なぜそのような行動をとるのかについてはまだよくわからないことが多いのですが、そのような人間の不適応行動なども心理学の研究に含まれます。それらが表1の「心理学的症状とその治療法」に対応し、本書の第六話でお話したことに対応します。

表1の最後にある「心理学測定法」は心理学を学ぼうとするときの最も大事な項目の一つです。統計、実験方法など科学的な手続きを学ぶのです。統計を誤りなく使え、実験手続きに誤りがなく、実験結果の解釈に論理的な破綻がなければ、心理学の研究として「合格」ということになります（もちろん、すべての心理学の分野で、実験できるわけではありませんから、一般的にということになります）。

心理学では、今まで述べた分野以外にも、さまざまな分野があります。たとえば経済心理学、交通心理学、感性心理学などです（二〇〇三年度のノーベル経済学賞を、経済心理学の先生がとったのは記憶に新しいところです）。これらは、応用心理学と呼ばれる分野に分類できるでしょう。本書では、応用心理学については詳しくは述べません。しかし、心理学には実にさまざまな研究分野があることはおわかりいただけたでしょうか。私は、この多様性は、人間の活動の多様性に対応していると考えています。

でも、これだけの分野がありますと、同じ心理学者といっても、お互いに距離が離れすぎていて話が通じない、しゃべっている言語（用語、概念）も、研究方法も違う場合が結構あります。ちょっとここで、二〇〇四年度の日本心理学会での発表タイトルを見てみましょう。

表2に、生理心理学、数理心理学、発達心理学、知覚心理学、社会心理学、臨床心理学各分野の発表タイトルを載せています（臨床心理学とは先ほどの「ストレス」「心理学的症状とその治療法」に関連した心理学の分野です）。これらの研究がそれぞれの分野を代表するものというわけではありません。適当に拾ってあります。さて、生理心理学、これはラット（ねずみ）を使った実験で、ニューロン（神経）の活動を直接計ったものです。心理学では人間の行動の基礎データを、動物実験からも得ているのです。次は、数理心理学。統計の方法とかアンケート調査の方法とかをより有効に、より妥当性あるものにするために研究が行われています。発達心理学・社会心理学・臨床心理学の発表は、タイトルからもわかりやすいですね。知覚心理学は、実は私の発表です。いわゆる仮想現実空間でのものの見え方についての研究です。さて、それぞれの専門家がすべての発表に興味をもち、かつ理解できるか。そんなことはなさそうですね。心理学の分野が多様ということは、心理学者も多様ということです。ただ、それぞれの心理学者が使う方法論には共通性があります。科学的な方法論です。方法論については第九話で述べます。

表2. 2004年度心理学会発表タイトルの例

（生理）
ラットの母性行動と扁桃核ニューロン活動
（数理）
非線形因子分析を用いたテスト得点の比較
（知覚）
奥行き起因運動と奥行き補足
（発達）
女子中学生における両親観と教師観の特徴
（社会）
ネットワークへの依存傾向を規定する要因に関する研究
（臨床）
大学生における無気力の研究

科学的な方法論と言っても、心理学には独特の制限があります。被験者をだましたり、苦痛を与えたりするような実験は許されません。すでに述べましたが、たとえば、マインドコントロールの実験的研究はできません。研究者の都合で、解けるか解けないかわからないような、マインドコントロールをすることは実験といえども許されないからです。当然、被験者が苦痛を感じるような実験はできません。また、頭の中で何が起こっているか調べるために、実際に人の頭を開いて電極を刺すといったこともできません。

さきほど述べたように心理学には多くの分野があります。しかしながら、多くの分野をまたぐ共通の目的があります。それは、「いろいろな環境におかれたときに人間がどのように行動するのかを知ること」です。もう少し細かく言うと、人間の行動とか心的過程を動かしているメカニズム、心的機構について知ることです。環境という入力に対して人間がどのような出力、つまり反応を出すのか。両者の関係を調べ、出入力関係を知りたいと考えているわけです。大げさにいうと、心理学では「人間の行動を支配している法則」を知りたいと考えているわけです。一般法則がわかれば、心的過程の不調を修正したり、行動の不適応を修正したりすることは可能でしょう。ただ、いまだ一般的法則が明白とは言えません。わからないことのほうが多いのです。だからといって、人々の心的過程の不調、行動の不適応は待ってくれません。ですから、心理学としては、一般的法則ができるまで待つのではなく、不調、不適応に関していろいろな仮説、モデル（第六話参照）を立てて対処法（心理療法）について研究していこうとしています。

第九話　どうしてそんなに科学を強調するのですか。

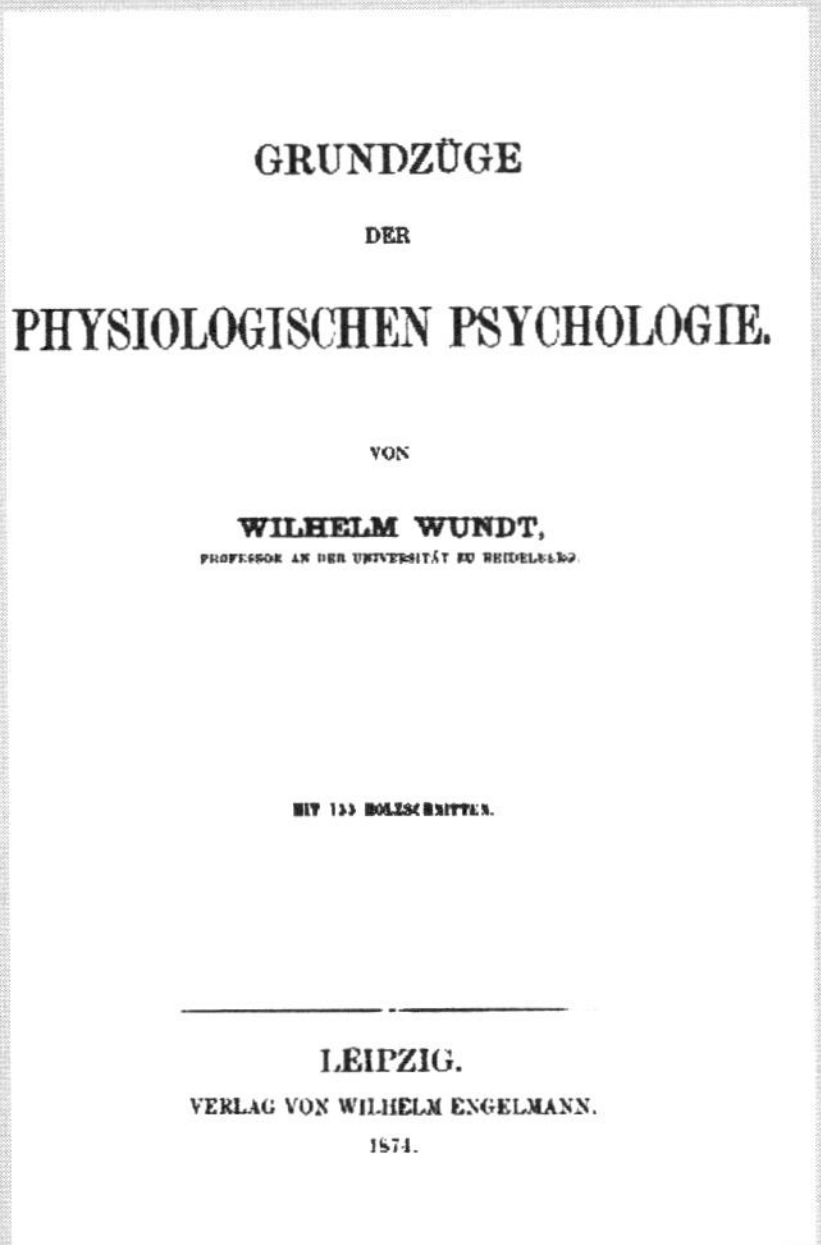

GRUNDZÜGE

DER

PHYSIOLOGISCHEN PSYCHOLOGIE.

VON

WILHELM WUNDT,

PROFESSOR AN DER UNIVERSITÄT ZU HEIDELBERG.

LEIPZIG.

VERLAG VON WILHELM ENGELMANN.

1874.

「生理学的心理学綱要」（ブント、1874年）の表紙（書名に初めて「心理学」ということばが使われた書物といわれている）

下野療法は万人に効きます。ぜひお試しを

科学とは何かについて説明する前に、なぜ心理学が「科学」に関してしつこく言わなければならないのかをまず説明します。一つは、心理学（と皆さんが思っているもの）のすぐ近くには、あやしいお話が転がっているので、なるべくその影響がないようにしたいためです。たとえば、私がこう言ったとします。「心理学の博士である私は、長年の研究の結果、新しい心理医療法を開発しました。私の魂（コンと読んでください）を入れた丸薬を呑んで、魂の流れをコントロールする方法をマスターすれば、多くの人の悩みは解決します。効き目があったと感謝する人の手紙がたくさん来ています」と。最近だと「脳に効果があります」と言ったほうがいいでしょうか。私の話を信じて、たとえば百人に三人ぐらい「下野先生の療法は効く」と思ったとしましょう。そうすると単純に計算すると、十万人のうち三千人はそう思ってくれることになります。友達にその効果を宣伝してもらうこともできますので、それを考えるともっと大きな数にできそうですね。下野療法を試した本人が効いていると思うなら、そして害がないなら、まあさほど問題はないかもしれません。けれども、もし、私が「魂をコントロールし、高めるためには特別な方法があり、それには特別の寸志が必要だ」、と言い始めたら……（熱心な方が何人も出てくれれば、私は一生暮らしていけるかも。ちょっと考えますね）。

もちろん、下野療法も効果があることが証明できればいいわけです。どうやって調べたら

いいでしょう。大雑把に言うと、まず「悩みがある」という人三百人に集まってもらいます(悩みの定義があいまいだ、とここでは言わないでください。わかりやすい例ということです)。百人に下野療法の丸薬を、もう百人には小麦粉を丸めた「薬」を飲んでもらいましょう。そして残り百人の人には何もしないでおきましょう。一週間後、三者で何人治ったかを比較するのです(ここでも「治る」の定義があいまいだとも言わないでください)。もし、本当に下野療法の丸薬に効果があれば、小麦粉丸薬を飲んだ人々より多くの人が治るはずです。まして、何もしなかった場合より、効果があるはずです。大雑把に言っていながら、効果があるかどうかについて調べるには結構の手数が必要だということに着目してください。厳密に言ったらもっといろいろする必要があることになります。第六話でも述べましたように人間は効き目があると信じていると、本来は薬効がないものを飲んでも効果を感じることがあります(プラシーボ効果)。ある療法(あるいは薬)に効果があるというためには、プラシーボ効果より以上の効果が必要なのです。このように「効果が予測される群」(実験群)と「効果が予測されない群」(統制群)で結果を比較することは心理学ではよく行われることです(もちろん、心理学だけで使われる手法ではなく、いろいろな学問分野で使われます。心理術とかではなく、心効果のあるなしを推測するための最も基本的な方法の一つです)。心理術とかではなく、心理学という以上、効果のあるなしをきちんとしたほうがよいと思いませんか。

科学	経験科学 ------	天文学・物理学・化学・生物学・心理学・社会学・経済学など…
	非経験科学 ----	哲学・数学・文学・神学など…

図1. 科学の分類

経験科学

効果のあるなしをきちんと調べるには、一定の装置、手続きを踏めば誰でも一定の結果が得られるような方法を考える必要があります。そこで登場するのが、いわゆる科学的方法、科学的考え方ということになります。「科学とは何か」という問題は結構ややこしい問題なので、ここではできるだけ簡単に説明したいと思います。図1に私の理解した科学の分類があります。いろいろ論争があるので一概には言えませんが、この本で科学というときには、「経験科学」のことをさします。経験科学というのは、私たちの周囲にあって、私たちが観察（あるいは経験できる）世界（宇宙）を支配している法則を明らかにしたいという学問です。経験科学というものがあれば、当然それに入らない分野の学問があります。観察とかが難しい世界についての学問ということになります。数学、哲学、神学、文学などが含まれるでしょう。これらの学問を統一してどう呼ぶかはわかりませんが、図1では非経験科学と仮称しています（もちろん、数学、文学、神学を同じ枠の中で考えるのは無謀ですが、ここでは経験科学に含まれないという意味だけで同じ枠の中に入れてあります）。数学が経験科学に含まれないのは意外と思う人は多いでしょう。もちろん、経験科学では数学を使います。法則が数学的に記述できるほうが好ましいし、数学的に記述された法則からいろいろなことが予測できるので数学は有用です。ただ、数学とは純粋に論理的なものであって、私たちが観察できる世界の法則とは直接には関係ありません。その意味で、経験科学に応用することを主要に考える数学を応用数学といって、純粋数学と区別することもあります。

さて、経験科学。それは、私たちが経験できる世界、宇宙、地球、環境、動物、人間、社会に関する学問と考えることができます。そうしますと、天文学、物理学、化学、生物学、心理学、言語学、社会学、経済学など……を考えることができるでしょう（ここで述べていない学問分野が経験科学にも非経験科学にも入らないというわけではありません。学問分野が同じであってもそれぞれの領域で経験科学的な側面も非経験科学的な側面もあるので、分類を控えました）。同じ経験科学といっても、扱う対象によって方法の厳密さにはさまざまなレベルがあります。けれども、手法そのものは同じものでやりたい。それが経験科学的方法論ということになります。

人間の好奇心の歴史——因果

経験科学的方法論に触れる前に、ちょっと、経験科学の歴史について考えたいと思います。そのほうが方法論の理解を助けると思うからです。私は、経験科学の出発点は、人々が「不思議だなあ」と思ったことだと考えています。人はまず、自分の周りで起こった出来事、森羅万象に興味をもったのではないでしょうか。注意深く観察していると、そこに何か因果関係が感じられ、神の意思、あるいは宇宙の法則があるような気がする。たとえば、星が動くのも、太陽と月が交互に私たちを照らすのも、何らかの法則があるのではないか。そこで測定を始めた。そして天文学が生まれたのではないでしょうか。もちろん、好奇心だけではお腹はいっぱいになりませんから、何とか鉄から金を作り出そうという人もいたでしょう。いろんなものを混ぜて、熱して、失敗して、めったにないけど成功して、だんだんと化学の基礎ができてくる。

また、なぜいろんな動物がいるのだろうと考えているうちに、進化論などが出てきたのではないでしょうか。いろんな観察や実験をとおして、森羅万象の法則が少しずつ見えてきた。さて、周りのことは少しずつわかってきた。でも自分たち、人間のことはどうだろうか。人は、因果関係に従って行動しているのだろうか。凶悪な犯罪者はどうしてそのような犯罪を起こしたのだろう。人々は理由を求めます。理由なんかないかもしれない。でも普通は因果関係を想像するから、原因は何かと考えます。人間を支配する法則があるのではないかと考えます。そして心理学が生まれた……。

経験科学の方法

経験科学では現象が観察されたとき、そこに因果関係を仮定します。大前提です。この因果関係を見つけるために、経験科学の方法が考えられてきました。まず、現象の観察。そして、観察された現象に影響を与えているだろう要因を考えます。心理学の場合、検査をしたり、アンケート調査をしたりすることもあるでしょう。もしそのような要因が、実験的にい

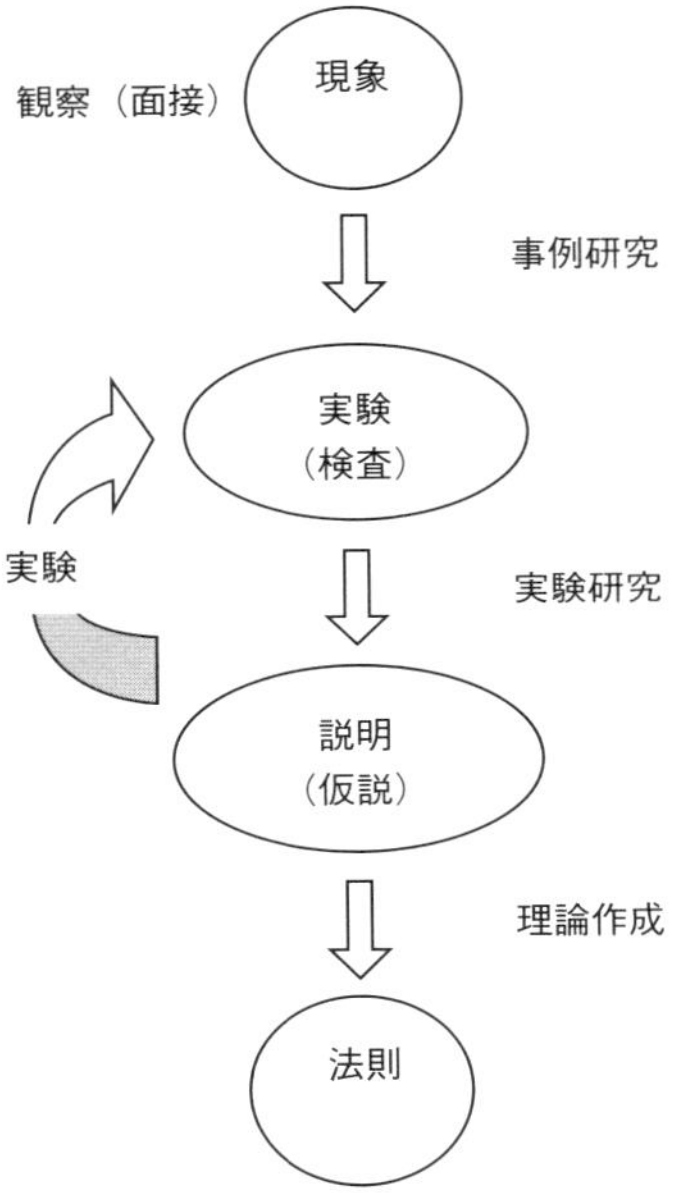

図2. 経験科学の方法

じる（操作する）ことができたら実験をします。何回か実験をすると、ある説明を思いつくかもしれません。そこで思いついた説明（仮説）が正しいかどうかを、さらに実験をして確かめます。そしてある程度実験的な事実が積み重なれば、そこに法則が見えてくるかもしれません。これが経験科学に使われる方法です。ただし、心理学の場合、実験が困難な仮説（たとえば、虐待の伝播仮説など）があったりしますので、心理学すべての分野でこのような段階で研究が進むわけではありません。繰り返して言いますと、科学的方法論では、観察された現象（私は太っている）は、いくつかの要因（運動不足と酒の飲みすぎと食べすぎ）に還元でき、実験をとおして現象は再現される（他の条件を一定にして、運動すれば少しやせる）と仮定しています。

さらに、実験結果からあるいは、観察から考えられた仮説は、実験的に反証可能でなければなりません。実験による反証可能性が必要なのです。たとえば、「りんごが落ちる」という現象を説明する「引力」という仮説は、もし引力がなければ、あるいは地上と異なれば、「りんごは落ちない、あるいはりんごの落ちる速度が変化する」という予測を生むでしょう。もし、引力をなくしたり、弱めたりする実験ができれば、その仮説の正しさが示されるわけです。もちろん、りんごが落ちるという観察を、「神様の思し召し」仮説で説明してもいいわけです。ただ、思し召し仮説では実験して確かめることが難しそうですから、この仮説には反証可能性はなさそうです。ですから経験科学の仮説として思し召し仮説は不適当なのです。

因果と相関

心理学で因果関係を考えるときちょっと注意しなければならないことがあります。というのは、人間は二つの事柄が同時にあるいは、続けて起こると一方が一方の原因になったと考えてしまいがちだからです（第五話参照）。たとえば、反社会的行動などのために施設に収容された一〇〇人の一六歳から一八歳の青少年の（施設に収容される前の）食習慣と同年代の高校生一〇〇人の食習慣を比較したら、前者のインスタント食品の摂取率が非常に高かったとしましょう。ここで「インスタント食品を過剰に取ると反社会的行動に出やすくなる」という因果関係があると言えるでしょうか。実はそのようなことは言えないのです。一方の頻度が高くなると、一方の頻度が高くなる（あるいは低くなる）相関関係があるだけかもしれません。両者は偶然に相関関係があるかもしれないし、真の原因は隠れていて両者に影響を及ぼしているのかもしれないのです。だからといって、因果関係がないとも断定できません。さきほどの、「インスタント食品を過剰に取ると反社会的行動に出やすくなる」仮説を調べるには、たとえば、食品に含まれるある物質が動物の攻撃行動を増加させるかどうかを調べる、というような仮説検証実験を繰り返す必要があります。面倒だなと思われるかもしれませんが、この面倒さが経験科学のある意味での、たとえば政治的立場などに影響されない意味での、「公正さ」を保っていると考えられます（理論上はということです。ある団体から研究費をもらうと、その団体に不利な研究は出てきにくいということは十分あることです）。

因果律と自由律

ところで「人間は因果律に従って行動している」と認めますと、ちょっと困った（私がそう思うだけですけれども）ことになります。たとえば、私が今日、朝食にパンを食べたとしましょう。私としては、「今朝パンを食べるという行動」は自分の意思で選んだつもりです。しかし、原理的に考えると私の行動は、複雑ではあるけれどもいくつかの要因によって決定されていることになります。たとえば私がパンを食べるという行動は、それまでの経験、遺伝的特質、その日の気候などで決定される、というふうにです。「ふーん、そうなのか」とちょっと認めたくない気分です。けれどもまあ、因果関係を仮定しないと人間の行動は「でたらめ」ということになってきますので、研究の対象にできません。

人間のいろいろな行動を因果関係から分析し、人間にその行動をもたらすメカニズムを研究する。これがどうも心理学の姿です。よく似ていませんか。宇宙の秩序を支配する法則を簡潔に表現しようとする経験科学の姿と。心理学では人の行動を支配する法則を研究するときに科学的手法を使うわけです。もちろん、因果律を仮定して科学的手法を使おうとすると私が感じたように、嫌な感じをもたれる人がいるでしょう。自分のこころは機械じゃないと思いたいのです。そう思うのは自由ですが、研究の対象にするには因果関係を仮定せざるをえません。実は、別に科学的であろうとしなくても日常何気なく因果関係を仮定しています。さきほども述べたように、「犯罪者の心理が知りたい」と思う、ということは、そこに因果関係を仮定しています。また、友人が急に怒りっぽくなったときには、どうしてだろうと考えます。何か原因を想像します。そこに因果関係を仮定しているわけです。因果関係を仮定すれば、複雑ではありますが、必然的に何か機械的になってしまうのではないでしょうか。

事実と推論

経験科学で議論を進める際に重要なことはいくつかありますが、私はここで事実と推論の区別を挙げたいと思います。というのは、心理学と皆さんが考える領域では、事実と推論の区別が混乱した議論がよく見られるからです。経験科学では「事実」と言うときには現象（自然現象、歴史的現象、社会的現象など）の記述で、しかるべきテスト、実験、調査で真偽が確かめられるものということになります。真偽のことはとりあえず問題になりませんが、あとで調べられるものでなければなりません。推論とか意見は、その事実にもとづいて行われたものです。ですから、事実が真で、推論が論理的に行われれば、根拠のある話になります。その推論を受け入れるかどうかはまた別の話ですけれど。

事実と推論を区別することの重要性をさきほど述べた下野療法を例に使って説明します。「下野が二〇〇五年の日本心理学会で発表した下野療法はストレスに効果があった」という記述は事実の記述になります。あとで真偽を調べられますから。真偽の判断は二つのレベルで行われます。まず、本当にそんな発表をしているかどうかです。私は発表なぞしておりません。というわけで偽です。また、もし発表していたとしても、論文に記述されていることが正しいかどうかは、いろいろ調べてみないとわかりません。この水準で真偽をもう一回判断します。面倒ですが、この面倒さが誤りを防ぐためのものなのです。では、この偽の事実からの意見「下野療法を使うと元気になります」をあなたは受け入れますか。受け入れないでしょう。偽である事実から出た推論は普通受け入れませんが、世間に出回っている「事実」は、確かめてみることができないもの、明らかに偽であるものがいっぱいあります。そこからまことしやかに出てきた、推論や意見に惑わされないことはとても大事なことです。

結構だまされやすいのです

「最近、青少年の凶悪犯罪が増えている」という記事をよく見かけませんか。あるいは、

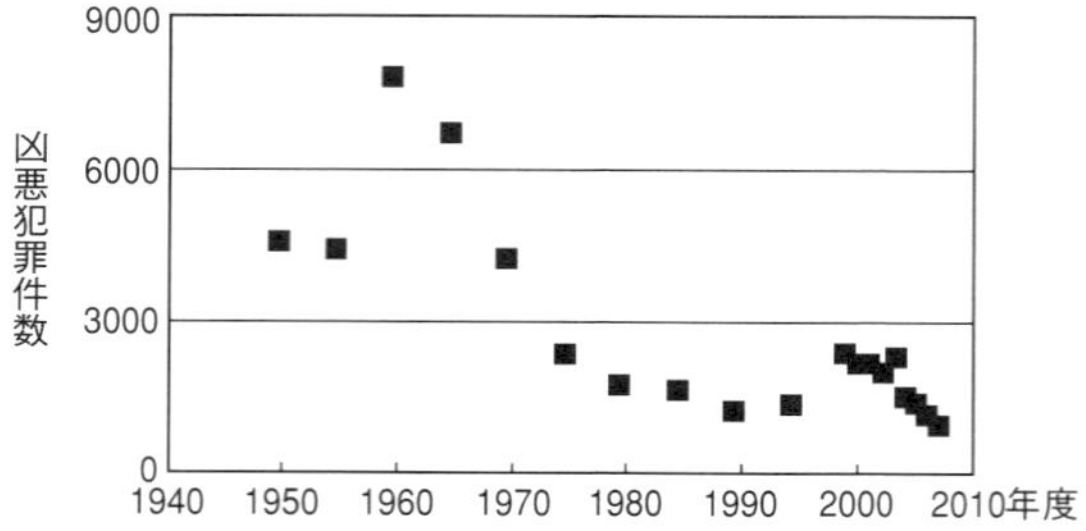

図3. 少年凶悪犯罪数の推移

そう感じていませんか。とりあえず、この記事が事実であったと仮定します（実際に、新聞に記載されたとしましょう）。次は真偽を調べる必要があります。一つの方法は、凶悪犯罪の推移を調べることで、この記事の真偽を確かめることができます。凶悪犯罪とは、強盗、殺人、強姦、放火だそうです。青少年とは一六歳から一九歳。では統計（警視庁の統計です。インターネットで探すことができます）を見てみましょう。図3を見てください。

第二次大戦以降の凶悪犯罪の数を表わしています。明らかなのは、一九六〇年（昭和三五年）前後の犯罪の数が突出しています。一九九〇年から二〇〇〇年に着目すると、確かに増えているという感じがします。統計から考えると、「最近になって」の最近がいつからのことかで、記事の真偽が決まることになります。二〇歳から九〇歳までの人が最近と思うのがどれくらいの範囲かはわかりませんが、少なくともここ五〇年間の統計を考えると、特にこの一〇年がその前の四〇年に比べて。凶悪犯罪が増えたとは言えないと思います。なぜか理由はよくわかりませんが、今七〇歳ぐらいの方が少年であったころが、一番凶悪犯罪が多かったのです（統計上）。それなのになぜ「最近増えている」と感じているのか。一つの可能性は、最近は、テレビ、インターネットで事件の報道が驚くほど増えているので、いっそう思い込まされているということです。ここで注意していただきたいのは、私は、犯罪が増えていないのだから、「取り締まりを強化する必要がない」という意見を述べたいわけではありません。経験科学的にみて、真とは言えない事実から推論するのは、間違った結論に達することになるので気をつけましょうと言いたいだけです。

でも悲しい現実……

　ここまで、心理学についてさまざまなことを書いてきて、「心理学は経験科学なのです」と主張してきましたが、実は私も「心理学は経験科学だなんて多くの人に思われてない」ことは理解しています。先日も、こどもと大手の古本屋に立ち寄りぶらぶらしていたら、「心理学」と分類してある本の前に来ました。本のタイトルを眺めると、占い……、恋愛術……、UFO……、の本が半分。残り半分も申し訳ないが、心理学と呼ぶにはあやしげな本も多くて（古本屋さんごめんなさい）。もちろん専門書を扱っていない、偶然入った古本屋ですから、たまたまということかもしれません。ところがその日、古本屋の帰りに立ち寄った小さな公立図書館で「心理学」と分類された棚を見ると、実に1冊も心理学の本はなく、占いなどの本がならんでいました。たいへん驚きましたし、ショックでした。「小さい図書館だから仕方ないなあ」、「予算がなくて司書が雇えないのかなあ」、「心理学の本は全部借り出されたのかなあ」などといろいろ考えました（第六話でてきた防衛機制の一つでしょうか）。まあ、これが現実なのだということでしょう。でもなぜ、心理学にそんな誤解が生じるのだ……というお話は第十話で考えてみたいと思います。

第十話　なぜこころを読みたいと思うのでしょうか。

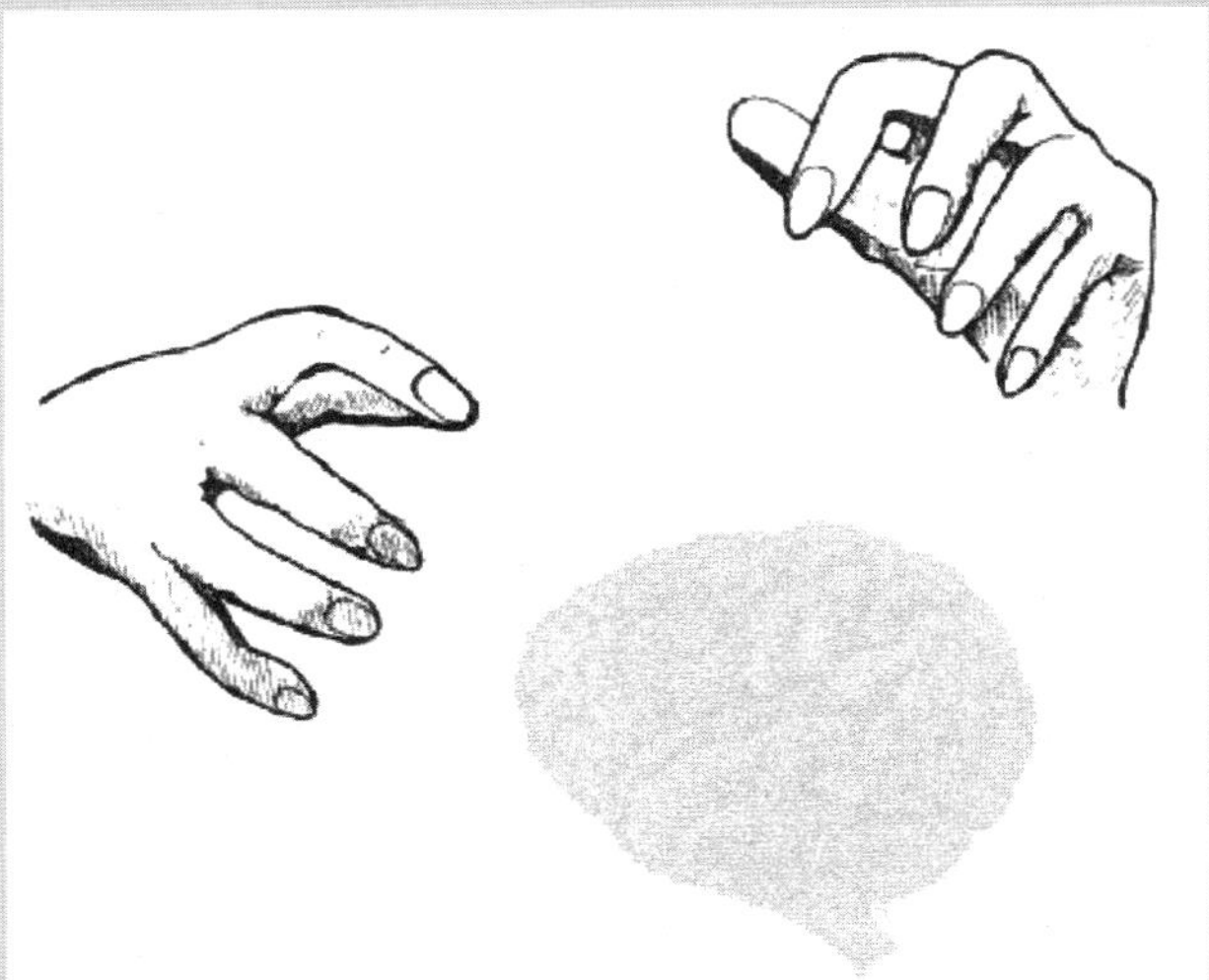

「こころ」を理解するのはなかなか難しい

他者簡便理解法

私が心理学者であるということがわかると、「こころをどうやって読むのか」とか、「こころを読まれるから怖い」とか言う人がいます。研究を始めた頃は、そう言われると、「こころなんて読めるはずがない、もし読めたとしたら今頃は金持ちになっているはずだ……」などと反応しておりました。その後ちょっと方針を変えて、つい最近まで、「実は私は読むことはできます。でも秘密なので教えられません」と言っていました。でも最近は、「なぜそんなことを聞きたがるのですか」と聞き返すことが多くなりました。「もし、人のこころが読めるとすると、あなたにも他の人のこころが読めるかもしれないけれど、他の人にもあなたのこころが読めるかもしれないですね。もし、そうなったら楽しいですか」、「人のこころは、絶えず揺れていて、自分のこころは何なのか自分にもわからないことのほうが多いと思いませんか」と言うことが多くなりました。第一話でもお話ししましたように、現在の心理学では、「この反応をすれば、こう思っている」式の方程式はできていません。もちろん、ある集団の中で、平均的には七割の人はこの反応をし、二割の人はこの反応をし……ぐらいのことはわかっている領域もあります。ただ、集団が平均的にどのように行動するか、感じているかが予測できたとしても、ある人がその状況の中でどのように行動するか、感じるかの予測はまだまだ難しい問題です。

「なぜ人のこころが読みたいのか」という問いに、「もし、自分だけが他者のこころを読める方法を知っていれば、他者より優位に立てる可能性があるからだ」と答えた学生さんがいました。正直な感想なのでしょう。ところが最初、その答えを聞いたときは、私は少し驚きました。そう考えたことがなかったからです。残念ながら、他者より優位に立つために心理学を学ぼうとしても、そうはうまくいきません。というのは、心理学にもとづく個人行動の予測がさほど精度が高くないという点もありますが、心理学の知識は、その気になれば誰でも手に入れられるものだからです。今後もそうでなくてはなりません。学問的知識は共有するのが原則だからです。ということは、自分が知っている程度のことは相手も知っていることになります。つまり、心理学を学んでも他者より優位に立ったりすることはほとんど期待できないのです。

血液型性格判断ってどうですか

では、私たちは日常どのように他者を判断しているのでしょう。人のうわさ、容姿、人種、宗教、また、話し方、日ごろの様子などでしょうか。ところが、他者を判断する情報源としては、これらのものは確実とは言えません。第二話で述べたように、人は簡単にステレオタイプや、うわさに振り回されるし、人種的偏見ももっています。ですからそのような情報源は当然ながら、あまり正確とは言えません。そこで、というわけではないでしょうが、最近世間には他者を理解するのに血液型が使えると主張する人々が出現しました。しかしながら、血液型により性格判断に根拠があることを示した研究は、少なくとも私は聞いたことがありません。心理学の分野の研究者で「血液型は性格と関係がある」と主張する人は現在のところいないと思います。

ほとんどすべての専門家が「関係がある」とは考えていないのに、なぜ「関係がある」という仮説が生き延びているのか。これはおもしろい問題です。私は、多くの人々が単純な因果関係を好むことが一つの原因だと思っています。このことについては後でもう一回考えてみましょう。世の中の仕組み、政治も経済も複雑そうですし、日常いろんなことを考えなければならない。いちいち複雑なことを考えるのは面倒です。血液型を信じることで、少なくとも対人判断の煩わしさは解決し、余計な時間を使わなくてもすみます。

血液型性格判断が生き延びていることの、もう一つの要因は、繰り返し流されるテレビ、雑誌などから流されるメッセージでしょう。二〇〇四年後半、テレビは血液型性格判断に妥当性があるかのような放送を繰り返し、問題になりました。根拠のない放送をしたにもかかわらず、「問題になったことを反省し、今後は注意する」といった放送もなかったように思います（誤解かもしれませんが……）。血液型性格判断は簡単ですから人々も理解しやすい。理解しやすいから人気がでる。人気があるからこそテレビも放送する。テレビが放送すると根拠があると思ってしまう。一旦できあがった血液型性格判断神話が消えていくことはなかなかないでしょう。

私は血液型性格判断をしてはならない、と主張しているわけではありません。この話題はあたりさわりのないものなので、あまり親しくない集団で話のきっかけを作るものとして使うのは適切なことかもしれません。知らない人に向かっていきなり、「環境問題をどう思うか」なんて聞けませんから。血液型とか、天気とかの話題が適当でしょう。たわいのない話の一つとして扱うことに何の文句もありません。もちろん血液型の話題が嫌いな人もいますから注意が必要です。特に、心理学者がいる集団では話題にしないほうが無難かも……。

血液型性格判断の問題点は、それが偏見を生み、いわれのない差別、誹謗中傷を生む可能性があることです。「血液型が○○の人はわがままで自分勝手だ」という根拠のない話が蔓延していくといろいろな問題が生じます。私の言いたいことは根拠のないことを判断の基準にするのは危険で、相手を傷つけることにもなりますよということです。

「心理学者には血液性格判断と聞くとすぐに拒否感を示す人が多いように思うが、血液型と性格とは関係がないことを示すデータがあるのか」、という質問を受けたこともあります。私は関係がないことを示す公開されたデータを知りません。しかしながら、「関係がないことを示すデータ」を誰も報告しないということは、「血液型は性格と関係がある」ことを主張する根拠にはまったくなりません。

単純さと不安

さてさきほど、対人判断を簡単にするために血液性格判断を使うのだろうと主張しました。

どうも私たちの多くは、対人判断に限らずいろいろな事件、事態をなるべく単純に理解したいようです。もちろん、人間はよく理解できないことに興味をもち、それを理解しようと努力する動物である、という点は間違いのないところでしょう。しかしそのことに加え、人は複雑な事態に出会ったときには不安を感じ、その不安をなるべく早く解消しようとし、とにかく答えを求めるのだろうと私は考えています。そして理解しやすいという点で複雑な答えより単純な答えが好まれるでしょう。私のこのように考える一つの根拠は、アドルノらの提案した権威主義的性格（第四話参照）です。第四話では述べませんでしたが、権威主義的性格の特徴に、認知的に単純であり、複雑な問題の前にさらされると不安になるという点があります（ですから単純な解答を求め、教条主義的になりやすいわけです）。そして、自分の主義に反する人には極端な敵意を示すことになります）。認知が単純な人というのは、もののごとを判断したりするときに論理的な判断基準を使わずに特に、好き嫌いの次元で判断しやすいと考えられています。単純さと不安というのは同居しているようです。

ここで具体的な例を考えてみましょう。たとえば、凶悪な犯罪が起こったとします。そして犯人がたまたま貧しい家庭の出身だとします。そうすると、貧しさゆえの犯罪だ、と主張する人が出てきます。もちろんそうかもしれません。そうでないかもしれません。逆に、犯人が裕福な家庭の出身だとします。そうすると、甘やかされて育ったからだ、と主張する人が出てきます。残念ながら、心理学およびその周辺の科学は現在のところ「これが正解」といった類の説明はまだできないのです（もちろん分野によってはある程度の説明は可能ですけれど)。正解が提示されないと、人はそれぞれ自分の理論(素朴理論)を作りだします。人間は自分の理論に合うものは忘れないが、理論に合わない事柄は忘れる傾向がありますから、自分の理論に合わないものは無視され、素朴理論はますます強固になっていきます。一回できあがった素朴理論を修正することは難しいでしょう。素朴理論は、それぞれの人の「世界を理解する枠組み」でしょうから。しかしそれにはあまり根拠がない……可能性があります。

ここで、私たちがもう忘れてしまっている凶悪な事件を紹介しておきます。単純に環境(育ち)が犯罪に結びつくわけではないことを示すためです。昭和五五年小学一年生が三歳の女の子に性的ないたずらをしようとしたところ、騒がれたので撲殺して井戸に投げ込んだという事件があったそうです(鮎川、二〇〇一)。この事件ではさきほどの「育ちが問題」とする考えではなかなか説明しにくいと思います。私にはむしろ、成熟を促す生理的なメカニズムの障害が原因のように思われます。もちろん、この事件だけで、凶悪な犯罪は生理的な(あるいは遺伝的な)ものだという言い方もできません。環境と遺伝が複雑に絡み合った結果だと考えざるをえません。

よく考えてみると、人間に関することは複雑で簡単には答えが出ないのは当然ではないでしょうか。それぞれの個人の行動を予測するには、あまりにもわからないことが多すぎます。人間の特性(たとえば性格)を決定しているのは何でしょう。周りの環境のうち何が人間に影響する要因でしょう。心理学の研究が始まってからまだ一〇〇年ぐらいしか経っていないのですから、ある程度正確なことが言えるためにはもう少し時間がかかると思います。

単純な〝解決〟を避けるために

ここまで「単純な答えはない」ということを強調してきました。強調してきた理由は、世間にあふれているさまざまなトリック、キャッチフレーズなどにだまされてほしくないからです。「脳に効く」、「学力を高める」、「健康によい」、……「〇〇研究所の先生、××大学の先生が推薦している」……「学力は低下している」、「少年犯罪は増えている」……「ニートは問題だ」……。そのようなフレーズに出会ったら、「単純な答えはない」といったん考えて吟味しましょう。

心理学に関連する問題でも同様のことが言えます。心理学を頭につけていろんなタイトルの本が出回っています。心理学の研究者が書いたものもあれば、そうでないものもあります。いずれにせよ、一冊読んだくらいで対人関係の達人になれたり、何十年もかけてできあがった自分の性格を数日で変えたりは難しそうです。でも第七話で述べたように、自分の行動を制御したりする方法などを使って対人関係のストレスに対処できることもあります。人間は複雑ですから、人間をめぐる問題も複雑で、すぐには答えなどあるはずもない。「正解がない」というのが本来の姿であることを受け入れれば、あわてて答えを求める必要もありません。不安になって飛びつくと誤った結論に達することもあります。ゆっくりと考えればすこしは「こころ」も読めるかもしれません。

引用文献

第1話

Bornstein, R. F. & D'Agostino, P. R. (1992). Stimulus recognition and the mere exposure effect. *Journal of Personality and Social Psychology*, **63**,545-552.

Dutton, D. G., & Aron, A. P. (1974). Some evidence for heightened sexual attraction under conditions of high anxiety. *Journal of Personality and Social Psychology*, **30**, 510-517.

Fazio, R. H., Jackson, J. R., Dunton, B. C., & Williams, C. J. (1995).Variability in automatic activation as an unobtrusive measure of racial attitudes: A bona fide pipeline? *Journal of Personality and Social Psychology*, **69**, 1013-1027.

Karlins, M., Coffman, T. L., & Walters, G. J. (1969). On the fading of social stereotypes: Studies in three generations of college students. *Journal of Personality and Social Psychology*, **13**, 1-16.

Kelly, H. H. (1950). The warm-cold variable in first impressions of persons. *Journal of Personality*, **18**, 431-439.

Meyer, D., Schvaneveldt, R., and Ruddy, M. (1975) Loci of contextual effects on visual word-recognition. In P. Rabbitt and S. Dornic (Eds.), *Attention and performance V* (pp.98-118), Academic Press, New York.

Ohman, A. (2000). Fear and anxiety : Evolutionary, cognitive, and clinical perspectives. In M. Lewis and J. M. Haviland-Jones (Eds.), *Handbook of emotions* (pp. 573-593). New York, NY : The Guilford Press.

Storms, M. D., & McCaul, K. D. (1976). Attributional processes and emotional exacerbation of dysfunctional behavior. In J. H. Harvey, W. J. Ickes, & R. F. Kidd (Eds.), *New directions in attribution research* (pp. 143 - 164). Hillsdale, NJ : Erlbaum.

Strack, F., Martin, L. L., & Stepper, S. (1988). Inhibiting and facilitating conditions of the human smile : A non obtrusive test of the facial feedback hypothesis. *Journal of Personality and Social Psychology*, **54**, 768-777.

Zajonc, R. B. (1968). Attitudinal effects of mere exposure. *Journal of Personality and Social Psychology Monographs*, **9** (2, Pt. 2), 1-27.

第三話

Aronson, E., & Mills, J. (1959). The effect of severity of initiation on liking for a group. *Journal of Abnormal and Social Psychology*, **59**, 177-181.

Asch, S. E. (1951). Effects of group pressure upon the modification and distortion of judgments. In Guetzkow, H. S. (Ed)., *Groups, leadership and men research in human relations* (pp. 177-190). Pittsburgh: Carnegie Press.

Freedman, J. L., & Fraser, S. C. (1966). Compliance without pressure: the foot-in-the-door technique. *Journal of Personality and Social Psychology*, **4**, 195-202.

Milgram, S. (1965). Some conditions of obedience and disobedience to authority. *Human Relations*, **18** , 57-75.

西田公昭（一九九五）。マインドコントロールとは何か　紀伊國屋書店

Seligman, M. E. P. (1975). *Helplessness: On depression, development, and death.* San Francisco: Freeman.（うつ病の行動学―学習性絶望感とは何か　平井　久・木村　駿［監訳］（一九八四）。誠信書房）

Vernon, J. A. (1963). *Inside the black room: Studies of the sensory deprivation*. New York: Clarkson N. Potter.（暗室の中の世界　大熊輝雄［訳］（一九六九）。みすず書房）

第四話

Adorno, T.W., Frenkel-Brunswik, E., Levinson, D.J. & Sanford, R.N. (1950).*The authoritarian personality.* New York : W.W. Norton & Company.（権威主義的パーソナリティ　田中義久・矢沢修次郎・小林修一［訳］（一九八〇）。現代社会学体系12　青木書店）

Bandura, A., Ross, D., & Ross, S. A. (1961). Transmission of aggression through imitation of aggressive models. *Journal of Abnormal Social Psychology*, **63**, 575-582.

Baumeister, R. F. (2001). Violent pride. *Scientific American*, **284**, 96-101.（自己愛に潜む暴力　日経サイエンス編集部［編］　脳と心のミステリー（二〇〇二）。（二四-三〇頁）日経サイエンス社）

Calhoun, J. B. (1962). Population density and social pathology. *Scientific American*, **206**. 139-148.

deWaal, F. B. M. , Aureli, F. & Judge, P. G. (2000). Coping with crowding. *Scientific American*, **282**, 76-81.（混雑の心理学　日経サイエンス編集部［編］　脳と心のミステリー（二〇〇二）。（五〇-五七頁）日経サイエンス社）

Eron, L. D., Huesmann, L. R., Lefkowitz, M. M., & Walder, L. O. (1972). Does television violence cause aggression? *American Psychologist*, **27**, 253-263.

Miller, N., & Bugelski, R. (1948). Minor studies in aggression: The influence of frustrations imposed by the in-group on attitudes expressed by the out-group. *Journal of Psychology*, **25**,437-442.

Zimbardo, P. G. (1969). The human choice: Individuation, reason, and order versus deindividuation, impulse, and chaos. In W. J. Arnold & D. Levine (Eds.), *Nebraska symposium on motivation*, 1969 (pp. 237-309). Lincoln: University of Nebraska Press.

Zimbardo, P.G. (1975). On transforming experimental research into advocacy for social change. Deutch, M. & Hornstein, H. (Eds)., *Applying social psychology: Implications for research, practice, and training* (pp.33-66). Lawrence Erlbaum.

第五話

Brown, J., Cohen, P., Johnson, J.G., & Salzinger, S. (1998). A longitudinal analysis of risk factors for child maltreatment: Findings of a 17-year prospective study of officially recorded and self-reported child abuse and neglect. *Child Abuse and Neglect*, **22**, 1065-1078.

Francis, D., Diorio, J., Liu, D., Meaney, M. J. (1999). Nongenomic transmission across generations of maternal behavior and stress responses in the rat. *Science*, **286**, 1155-1158.

村上宣寛（二〇〇五）。「心理テスト」はウソでした　日経BP社

内田伸子（一九九九）。第Ⅴ章　ことばが遅滞するとき　発達心理学（一二五-一五四頁）岩波書店

吉田敬子・武井庸郎・山下　洋（二〇〇二）。精神医学領域における児童虐待に関する多次元的評価の意義―被虐待児とその養育者への適切な心理社会的介入のために―　児童青年精神医学とその近接領域、四三巻、四九八-五二五頁

第六話

Elkin, I. et al. (1986). National institute of mental health treatment of depression collaborative research program: General effectiveness of treatments. *Archives of General Psychiatry*, **51**, 971-982.

Mead, M. (1935). *Sex and temperament in three primitive societies*. New York : Morrow.

小沢牧子（二〇〇二）。「心の専門家」はいらない　洋泉社

Smith, E. E., Nolen-Hoeksema, S., Fredrickson, B. L., & Loftus, G. R. (2003). *Atkinson & Hillgard's introduction to psychology*. 14th ed. Belmont: Wadsworth/Thomson Learning.

第七話

Holmes, T. H., & Rahe, R. H. (1967). The social readjustment rating scale. *Journal of Psychosomatic Research*, **11**, 213-218.

House, J. S., Landis, K. R., & Umberson, D. (1988). Social relationships and health. *Science*, **241**, 540-545.

Lazarus, R. S., Opton, E. M. Jr., Nomikos, M. S., & Rankin, N. O. (1965). The principle of short-circuiting of threat : further evidence. *Journal of Personality*, **33**, 622-635.

夏目　誠（一九九九）。ストレス評価・測定の研究　河野友信・石川俊男（編）ストレス研究の基礎と臨床　現代のエスプリ別冊（一五一-一六二頁）至文堂

Riley, V. (1981). Psychoneuroendocrine influences on immunocompetence and neoplasia. *Science*, **212**, 1100-1109.

第八話

Flynn, J. R. (1987). Massive IQ gains in 14 nations: what IQ tests really measure. *Psychological Bulletin*, **101**, 171-191.

第十話

鮎川　潤（二〇〇二）。少年犯罪　平凡社

参考文献：「何か参考になるような読みやすい心理学の本はありませんか」

何が良い本か、というのは結局主観的なものですけれど、あまり高価でなくて、難しくなく、おもしろい、と私が感じた日本語の本は以下のようなものです。もし興味を引かれたトピックがあれば、それぞれの本の参考文献をみたり、インターネットを使うと少し詳しい話に出会えると思います。ここに挙げた本は必ずしも心理学の本ばかりではありませんが、この本を書くのに参考になった本の一部でもあります。

「図解雑学犯罪心理学」（細江達郎著）なつめ社
「サブリミナル・マインド」（下條信輔著）中公新書
「危ない精神分析」（矢幡　洋著）亜紀書房
「権威主義の正体」（岡本浩一著）ＰＨＰ新書
「心理学ってどんなもの」（海保博之著）岩波ジュニア新書
「マンガサイコセラピー入門」（ベンソン著、小林　司監訳）講談社ブルーバックス
「ストレスに効く話」（永井　明著）角川文庫
「反社会学講座」（パオロ・マッツァリーノ著）イースト・プレス

「意識／無意識のサイエンス」（本田仁視著）福村出版
「攻撃の心理学」（クラーエ著、秦　一士・湯川進太郎編訳）北大路書房
「要説現代心理学」（狩野素明・山内隆久編）ナカニシヤ出版

あとがき

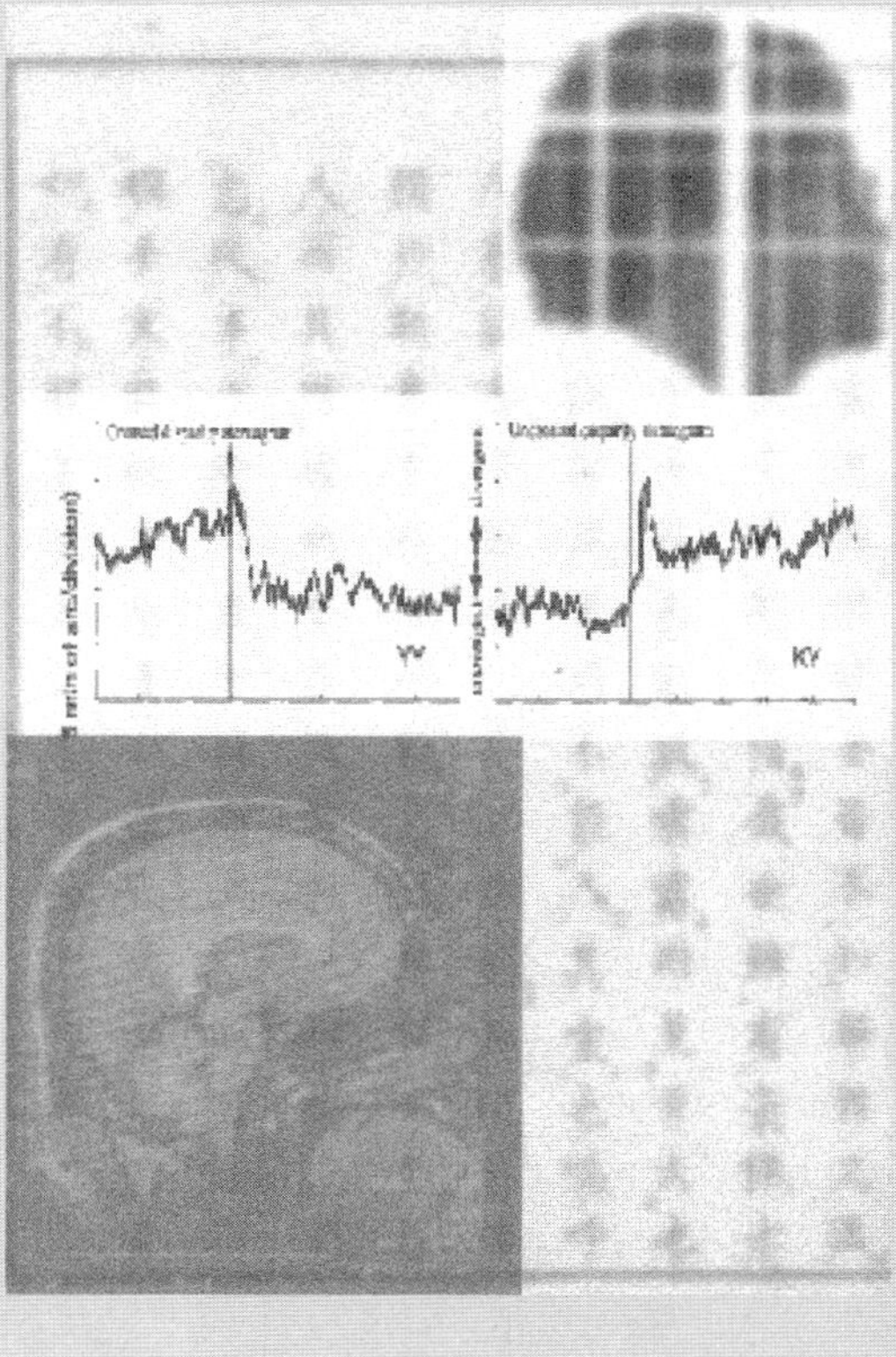

本書の題名は、こころを分析するという意味で「解体」、新書版程度の大きさの教科書を作ろうということで「新書」となりました。また、心理学でいう「こころ」は一般的な使い方と少し違いますよ、という意味でこころをかぎ括弧で囲っています。もちろん、杉田玄白らの「解体新書」と比べようとは思っておりませんが、この本が多くの方の目に触れて心理学の基本的な考え方が広がっていくことを希望しています。

ところで、本書のきっかけは当時、私の研究室の学生だった吉田竜彦さん（現SB食品）の「おもしろい授業だから本にしてみてはどうだ」というアドバイスです。彼は、私の授業を録音してくれたばかりか、数時間分の録音を起こしてくれました。残念ながら、録音内容そのものは本では使いませんでしたが、彼の積極的な働きかけがこの本を生むことになりました。

このように本書は、私の大学の授業が出発点ですが、教科書として正確な記述を期するということで、何人かの専門家にも眼を通していただきました。近藤倫明（北九州大学）、原口雅浩（久留米大学）、中溝幸夫（元九州大学教授）の各先生方です。先生方には大変貴重なご意見をいただきました。また、研究室の安江慎祐さん（現リコーロジスティクス）にもいろいろな意見をいただきました。さらに、ナカニシヤ出版の宍倉由高さん、山本あかねさんには本書の出版に際して大変お世話になりました。これらの皆さんの協力がなくては、本書は完成しなかったと思います。皆さん本当にありがとうございました。

ま

や

ら

わ

人名索引

事項索引

著者紹介

下野孝一（しもの　こういち）

1988年　九州大学大学院文学研究科博士課程修了

文学博士

東京海洋大学海洋工学部教授

主著に『視覚情報処理ハンドブック』（共著、朝倉書店、2000年）

『眼球運動の実験心理学』（共著、名古屋大学出版会、1993年）など。

「こころ」の解体新書
心理学概論への招待

2006年11月10日　初版第1刷発行
2013年10月20日　初版第4刷発行

定価はカヴァーに
表示してあります

著　者　下野孝一
発行者　中西健夫
発行所　株式会社ナカニシヤ出版
〒606-8161　京都市左京区一乗寺木ノ本町15番地
Telephone　075-723-0111
Facsimile　075-723-0095
Website　http://www.nakanishiya.co.jp/
Email　iihon-ippai@nakanishiya.co.jp
郵便振替　01030-0-13128

装幀＝白沢　正／印刷・製本＝ファインワークス

ISBN978-4-7795-0108-1